震災後を生きる13人の物語

フクシマ、
能登、
そして
これから

藍原寛子

Hiroko Aihara

婦人之友社

はじめに

この本は、災害大国日本に暮らす、すべての人に読んでいただきたいものです。

２０２５年、東日本大震災と東京電力福島第一原発事故から14年、能登半島地震から1年。この間、両地域では地震、津波、原発事故、火災、地滑りという複合災害の中、被災した人、影響を受けた人、そのまわりの人、支援に駆けつけた人……数えきれない人々が、災害発生とともにそれまでの日常生活を奪われ、避難生活を送り、復旧と復興に向けて大変な日々を過ごしています。

被災した人々が困難な中でもよりよい社会を目指し、そして未来世代へとどう引き継ごうとしているのか、何を考え、どう行動しているのかを伝えようと、本書を書きました。

東京電力福島第一原発事故は、原子力事故の重大さの指標であるINES（国際原子力事象評価尺度）で最悪の「レベル7（深刻な事故）」になりました。これは旧ソ連で1986年に起きたチェルノブイリ事故と同等の深刻度です。11年3月11日を境に、私が生まれ育ち、原風景である「福島」は、「ヒロシマ」「ナガサキ」と並び、世界言語とも言える「フクシマ／FUKUSHIMA」に変わりました。

自分の人生でこんなことが起きるなんて——という衝撃とともに、フクシマを中心とした被災地の取材を始めました。90年から地元紙で記者をし、浜通りのいわき支局で原発の取材をしていたことから、最初は私が取材したことのある人々を訪ね、聞き書きを始めました。時には、福島を訪ねてきた原発の建設計画で揺れている国や地域、原発事故の被害にいまだに苦しむエリア、核戦争の脅威にさらされる危機感を持つ各国のジャーナリストたちとともに、被災者とひざ詰めで対話することもありました。

今、原発事故から14年が経っても、状況は改善していません。取材を重ねるごとに、健康や避難の問題を含めて、原発事故が人々の生命や暮らし、つながりなど人生すべてを狂わせるという被害の実相が非常に軽視されていることを痛感します。

ところが、日本政府や原子力・原発業界（「原子力ムラ」）は、原発の再稼働を進め、将来に向けて増設をしようとしています。23年5月に法律を改正して、原発の運転期間「60年超（原則40年）」を可能にしました。

福島県では事故後の11年8月、民間や学識者を入れた委員会による「福島県復興ビジョン」を策定し、「原子力に依存しない、安全・安心で持続的に発展可能な社会」を目指す方針を打ち出しました。東京電力は県内10基の福島第一、第二原発の廃炉（廃止措置、廃炉作業中）を決定しました。それなのになぜ、この福島の危機が生かされないのでしょうか。原発推進政策によって、原発事故の被害者の存在が、未来に残すべき事故からの教訓を語る言葉が、握り潰されてしまうのを何としても食い止めなければ――。

そんな危機感を持っていた24年の元日、石川県の能登半島で巨大地震と津波が起きました。海外メディアのクルーの1人として発生直後に現地入りし、取材をする中で、政府の失策や無策（例えば国土交通省の道路啓開計画という道路復旧計画や、国のプッシュ型支援が働かず物資が届かない現実、ボランティアを規制したことによる支援の遅れや人のつながりの断絶）を目の当たりにしました。しかも、北陸電力志賀原発では地震によるトラブルが相次いでいながら、発表の遅れや内容の訂正が相次ぎました。

今も苦難に満ちたフクシマの教訓が生かされていない――。

日本に住む私たちは、間違いなく、巨大地震と原発事故から多くのことを学んだはずです。人々の被災体験は、フクシマ、能登、そして日本や世界各地で再び同じことを起こさず、命と生活を守るための「痛みを伴う貴重な教訓」です。

ここに紹介するフクシマと能登の13人は、災害の前から、穏やかで丁寧な日常生活を送り、原発のない安全な暮らし、文化や自然環境や地域の伝統を共有し、命や人権の尊重、平和な社会の実現に向けた実践に価値を見出し、行動してきました。人生の中で突然降ってきた不条理に、それでも助け合い、生き抜いて、「今」を「よりよい未来」へとつないでいこうとしています。

本書の中で、この方々の想いに触れてみてください。

明日を生きる勇気が湧いてきます。

本書は『婦人之友』２０２１年２月号〜12月号に掲載された
「10年後のフクシマ」から９篇に大幅加筆・修正し、
能登半島地震について４篇を書き下ろしたものです。

フクシマ、能登、そしてこれから　目次

第2部

能登
元日の大地震 それ以前、その後

装画　飯舘村の風景

第1部

フクシマ

未曾有の災害に向き合う

2011年3月11日の午後2時46分、
東北地方太平洋沖を震源として、
マグニチュード9・0(最大震度7)の巨大地震が発生。
東北や関東沿岸に高さ10メートルを超える津波が押し寄せ、
家屋12万棟以上が全壊し、
死者・行方不明者は2万2200人以上にのぼった。
津波による浸水で、東京電力福島第一原子力発電所は
すべての電源を喪失し、1号機から3号機の3基で、
原子炉の核燃料が溶け落ちるメルトダウン(炉心溶融)が起こった。
この原発事故により、周辺12市町村に避難指示が出され、
最大で16万4865人が避難を余儀なくされた。

Fukushima

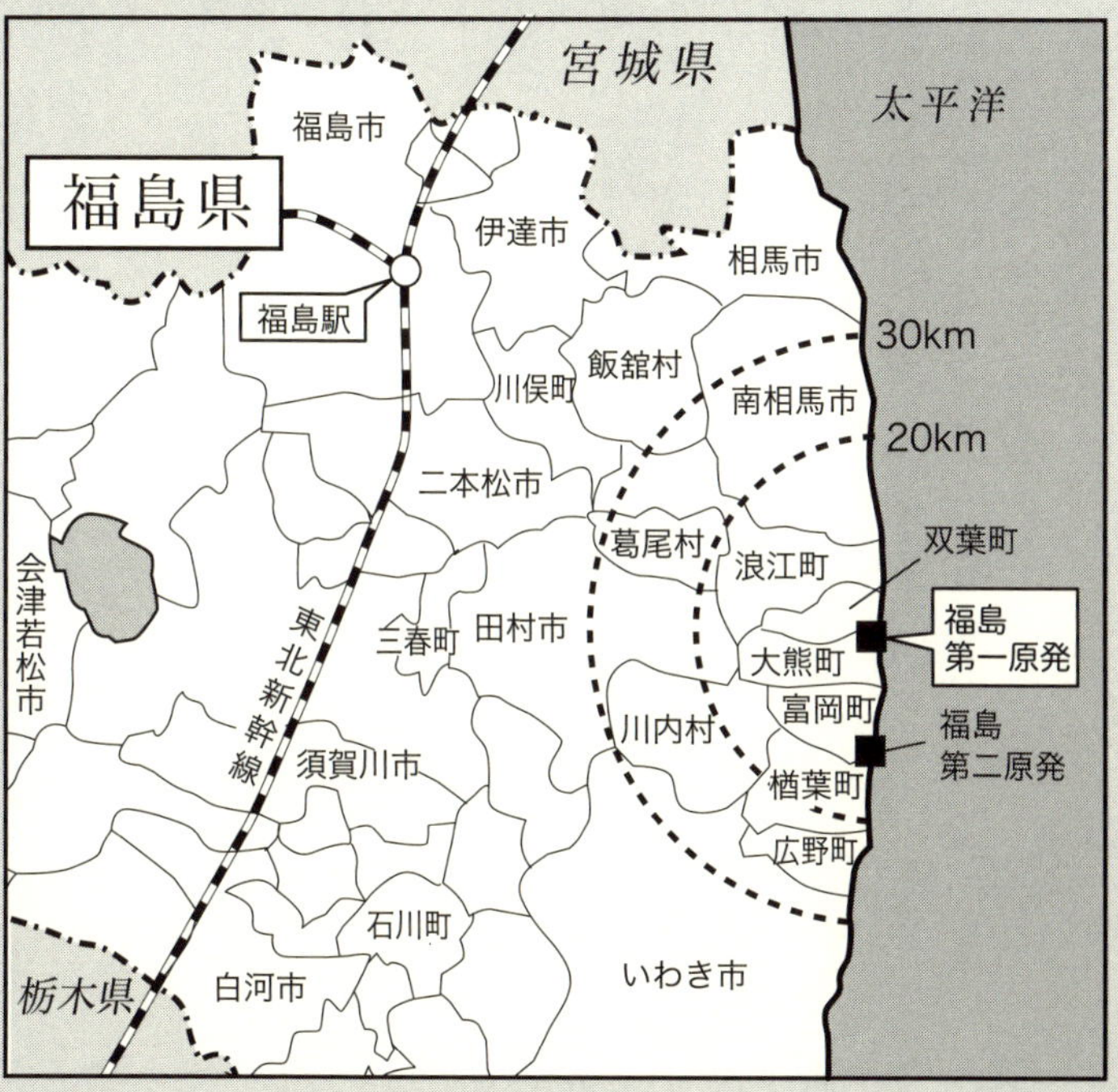

宮城県
太平洋
福島市
福島県
伊達市
相馬市
福島駅
30km
飯舘村
川俣町
南相馬市
20km
二本松市
葛尾村
浪江町
双葉町
会津若松市
東北新幹線
三春町
田村市
福島
第一原発
大熊町
富岡町
川内村
福島
第二原発
須賀川市
楢葉町
広野町
石川町
栃木県
白河市
いわき市

F u k u

「フォーラム福島」総支配人
阿部泰宏さん（福島市）

災害後を生きる人々をつなぐ映画館

東日本大震災と続く未曾有の原発事故。
それから1日1日を市民とともに歩み、
日本で世界で被災して生きる暮らしを
共有する映画館がある。

客席の全面マスクの男性——原発事故後の出来事

東京電力福島第一原発から西へ約80キロに位置する、福島県「中通り」の県庁所在地・福島市。ここに、全国でも珍しい市民出資による「フォーラムシネマネットワーク」(本部・山形市)が経営する映画館で、長年、映画ファンの市民とともに運営されている映画館「フォーラム福島」がある。

東日本大震災と原発事故後、映画館は施設や設備に大きなダメージはなかった。しかし、停電、断水、ガソリン不足に物流・交通の寸断で映画フィルムが届かず、社員も出勤できない事態に陥った。中通り地区も放射線量が高くなったことが報じられ、約1カ月間は休館を余儀なくされた。総支配人の阿部泰宏《やすひろ》さん自身、この状況に迷い、考え、話し合った結果、家族を関西へ避難させるなど、生活が一変していた。

そのような中、なんとか映画館を再開させたいと準備を進め、物流が復活してきた4月2日に再オープンにこぎつけた。当初は少なかった観客も、報道や常連の口コミなどで、少しずつ戻ってくるようになった。阿部さんは当初、「まだこんなにも大変な時期に映画館を再開するなんて、不謹慎では」と批判を受けることも覚悟した。しかし、来館した人たちは、「フォーラムが再開するのをずっと待っていた」「こういう時期だからこそ、明るい話題が必要」「メディアが毎日、原発事故のことを報じている。違うものが見たかった」と、激励の声をかけてくれた。「再開してよかった」と痛感する出来事だった。

それから2カ月後の6月、阿部さんは驚くべき光景を目にする。それは、原子力発電所内で作業員が使うような顔全面を覆う防護マスクを装着し、半そで・短パン姿で座る観客男性の姿だった。まるでSFの世界のようだった。だが、それ以上に驚いたのは、居合わせた他の観客が、その男性の様子に戸惑うような素振りがあっても、何度もジロジロ見たり、「出ていってほしい」などの排除の声はなく、まるで「原発事故前のように」、一緒に座って静かに映画を見ていたことだった。

「あの出来事は忘れられません。発災当初からある時期までは放射能や被ばくについて、福島では人によってさまざまな対応がありました。誰かが突飛な行動をとっても、『原発事故が起きたのだ、無理もないことだ』と考え、被ばくを巡って意見や対応の相違があっても、まだ容認し合える空気がありました」と振り返る。

シネコン建設による危機を乗り越えた歴史

福島市曽根田町にある、フォーラム福島の外観。オープンは1987年

フォーラム福島が開館したのはチェルノブイリ原発事故翌年の１９８７年。79年に山形県山形市の映画サークル「山形えいあいれん」が中心となり、「映画ファンによる、映画ファンのための映画館」を建設しようと市民出資で活動が始まった。84年に株式会社フォーラム運営委員会が設立され、フォーラム山形が開館。東北で2カ所目の同社経営の映画館として、フォーラム福島がオープンした。市民の上映実行委員会を作り、上映映画の案をあげたり、自らが上映実行委員会を結成して上映を誘致し、チケットを手売りしたり、宣伝したり、文化活動も行われた。

私も94年の夏、フォーラムで東京都日の出町の産業廃棄物処分場の建設問題を捉えたドキュメンタリー映画『水からの速達』(西山正啓監督)を上映する実行委員会(遠藤ひろ子・『水からの速達』を福島で見る会代表)に加わった。そこでは市内を中心に環境問題に取り組む女性たちのグループや、フォーラム福島を愛する人たちとのつながりが生まれ、上映会は大成功。その後も地球環境を考えたいという女性たちのムーブメントが続き、同年11月には『地球交響曲(ガイアシンフォニー)』の上映活動にも参加した。

阿部さんが「フォーラム福島に最も来館している映画ファンの筆頭」という人が、福島大学行政政策学類教授の久我和巳さんだ。久我さんは91年春から同大学勤務が決まり、その直前3月末、福島市に引っ越してきた。まさにその日のうちに駅から歩いて数分(当時)のところにあったフォーラム福島を発見し、そのまま映画を鑑賞。久我さんはその日、雪が降っていたのを覚えている。しかし心の中には、一足早い春がきた。

「アメリカ映画など大手映画館が上映する作品だけでなく、ミニシアター系の作品も一緒に見られることに、非常に新鮮な驚きがありました。東京に行かないと見られないと思っていた映画を、福島で見ることができる。東京では、神田、吉祥寺、恵比寿とあちこち移動しないといけないのに、福島ではここ1カ所で見られる。『なんだ、これは!』とビックリしました」

と、声を弾ませる。

「私たちは、映画を見る時、その映画がどのような経緯でその映画館で上映されるかということは全く知らない、知らされないですよね。何を上映するかには関与できず、上映している映画館を選んで見に行きます。ところが、フォーラム福島では、見たい映画を企画し上映できる。経営面を考えてロードショーもミニシアター系も。そういうシステムが存在すること自体、当たり前ではない、すごいことだと思いました」と久我さんは語る。

ところがその後、95〜96年にかけ、フォーラム福島にとって危機的な状況が降ってくる。それは、当時ミニシアターだったフォーラム福島から歩いてわずか数分のところにある複合商業施設内に、7スクリーンの映画館（シネマコンプレックス、略称シネコン）を開館するという計画だった。

市内の映画ファン、久我さんら福島大学の教官、高校生や大学生、さまざまな人々が反対の署名活動を始め、2万筆を集めた。集まった人々は「選択肢が増えるのは、地域にとってはいいことかもしれないが、フォーラム福島がなくなるのは困る」などの意見を交わした。公聴会も開催されたが、結局、シネコンはオープンした。だが、この市民運動が映画人口の掘り起こしや、地域に根差した映画館が必要だという意識を喚起した。現在も市民運動に参加した人々がフォーラム福島を支えている。結果として、シネコンと共存し、地域の映画文化、市民の町づくりの言論と活動の空間を拡大した。

映画は、そしてフォーラム福島という映画館は、原発事故発生の四半世紀も前から、福島市でのダイバーシティの拠点になっていた。全面防護マスク姿の観客とそれを取り囲む他の観客の姿は、映画館がある種の「安全な空間」となっていたこと、そしてお互いにこの原発事故後を「共存・共生」していく者たちであったという、SFでも何でもない、リアルな原発事故の危機下でのサバイバルの現れであったと私は思う。

原発や核に関連した映画やドキュメンタリー上映へ

東日本大震災と原発事故のずっと前から、地域の多様性の拠点になってきたフォーラム福島だったが、上映再開後しばらくして、阿部さんにはまた新たな問いが浮かんできた。

「原発事故下という非日常が続く中で、〝普通〟に映画を上映していることについて、フラストレーションがありました。通常の映画を上映することももちろん大切だけれど、それだけでいいのか。福島の映画館だからこそ、今の状況に関わる原発や核に関連した社会派の映画やドキュメンタリー作品を上映すべきなのではないか。原発と核を取りあげることがタブーとされた中で〝呪われた映画〟のように扱われた作品群を、今こそこの原発事故後の福島で、解放したいなと思いました。たとえ、大海に一石を投じるようなことだったとしても」

ただ、やはり迷いもあった。「映画とお客さんがどのような化学反応を起こすのか、そこに関心があったと同時に、原発や放射能について考えさせる映画を上映することは、問題に直面せざるを得ない人々に、さらなるストレスを強いることになるのではないかという不安。映画で描かれた出来事と福島を同一視してしまう危険性もあるのではないかという気持ちもありました」

フォーラム福島のある中通りの福島市は、定点で見ると、原発事故直後は人の動きも複雑で、ダイバーシティそのものだった、と言ってもいいだろう。しかし当初は非日常だった状態や出来事が、次第に「原発事故後の日常」へと変化していった。

原発事故から数カ月が過ぎると、価値観の違いがもたらす会話や行動の違いが、分断や対立、疎外や孤立を生む状況も生まれた。地元の食材を食べる、食べない。外で子どもたちを遊ばせる、遊ばせない。洗濯物を外に干す、干さない。福島から避難する、しない。「目に見えない、感じない、匂いもしない」放射能の被害を避けるための行動を多数がとり、それが合理的であった時期は次第に過ぎていった。

フォーラム福島の会員には、福島市から避難した人もいる中で、人々はどのような映画を観たいと思っているのか？　映画ファンに寄り添った映画館として、映画ファンの姿、期待、思いは、まだまだ見えなかった。「もしも被災した住民が自主的に実行委員会を作って、原発や核に関する映画を観たいと言ってくれたならば、躊躇なく上映できるけれど……」と、阿部さんは思った。

福島とチェルノブイリの被災者を結びつけた映画

阿部さんの葛藤が続いていたその頃、1本の電話が入った。知人からで、「飯舘《いいたて》村の女性が映画について相談がある」という内容だった。阿部さんはすぐに連絡を取った。

その女性は、小林麻里さん。名古屋市出身で、震災前に飯舘村に移住し結婚。夫が病気で亡くなった後も飯舘村で生活していた。飯舘村は東京電力福島第一原発から北西に約40キロ、海もない、原発もない、人口が約6000人の村。原発事故後、放射性物質を大量に含んだ雲がこの村の方向に流れ、雪を降らせたために、高い放射能汚染の被害に遭った「風下の村」だ。4月11日から全村が計画的避難区域になり、多くの村民が村外へと避難していた。この日、小林さんは村内の自宅に一時帰宅して、そこで阿部さんと初めて会った。

小林さんは阿部さんに会うなり、こう言った。「以前、名古屋で、本橋成一監督の『アレクセイと泉』（02年）を観ました。当時は原発の危険性についてもチェルノブイリ原発についても

里山が美しい秋の飯舘村（2020年11月）。いまだ除染廃棄物が仮置きされている

問題意識はなく観て、内容も詳しく覚えていないんですけど、ただきれいな映画と思って観ました。でも、『飯舘村に放射能が降った』と聞いた瞬間、『アレクセイと泉』のアレクセイが上半身裸で水浴びをするシーンが頭の中にワーッと降ってきたんです。本当に、意識の中に突然、ワーッと降ってきた。そうしたらもう、居てもたってもいられなくて、もう観なきゃダメだって思ったんです。可能なら、フォーラム福島で上映できないでしょうか」。同時に小林さんは、阿部さんの「上映していいのか」という迷いを垣間見たように思った。誰も彼も、心引き裂かれ、壊された中で起きた出会いでもあった。

熱の込もった小林さんの言葉に阿部さんも圧倒された。同時に「これは、まさに巡り合わせだ」と思った。その日、放射線量がまだまだ高い飯舘村の片隅で、2人の「映画オタク」は、好きな映画作品、監督など「かなりマニアック」(小林さん)な会話を重ねた。お互いが、『ベルリン・天使の詩』(1987年)や『ブエナ・ビスタ・ソシアル・クラブ』(99年)でも知られ、日本の映画監督小津安二郎を敬愛するドイツのヴィム・ヴェンダース監督のファンであることでも盛り上がった。

小林さんは阿部さんから、上映会のパンフレットに掲載する「想い」を書いてほしいと依頼され、以下のように書いた。(一部抜粋)

——確かに、今回降り注いだ放射能によって「ただちに健康に害はない」のかもしれません。けれども、目に見えるものは何一つ破壊されていない、この明るく美しい放射能地獄の中で、避難地域だけでなく福島のすべての人たちが、真綿で首を絞められるような苦しみに苛《さいな》まれ、翻弄されて、心が壊れてしまう危険に曝《さら》されています。人は心が壊れてしまったら生きることが困難になってしまうのです。このことこそが、原発事故による放射能汚染の最大の恐ろしさなのではないかと思います。心が壊れてしまわないためにはどうすればいいのか……。『アレクセイと泉』にはその答えの一つが映っているように思います。だから今こそ福島の人たちとこの映画を観たいと切望しています。——

やがて、阿部さんから提案があり、『ナージャの村』(97年、本橋成一監督)を7月23~29日まで、翌7月30日~8月5日まで『アレクセイと泉』が、それぞれ1週間限定で上映された。小林さんや友人、知人たち、飯舘村の村民だけでなく、福島市内に避難してきている人も誘い合って足を運んだ。上映後、阿部さんは映画を観た飯舘村の人々から声をかけられた。「映画の上映期間が短すぎる。もっと長くやった方がいいよ」「この映画を観てよかった。みんなが観るべきだ」「こんな映画があったんですね。知らなかった」「俺は飯舘村から避難して、今は福島市に住んでいるんだけど、なぜかすごく（登場人物の）気持ちがわかるよ」など、いろいろな意見を聞くことができた。ネガティブな意見は皆無だった。

阿部さんは言う。「たぶん、原発事故が起きなければ、地球の裏側のチェルノブイリで被災した人のことなど知るよしもなかったかもしれない人々が、映画によって25年間も自分たちと同じく原発事故に苦しむ被災者がいることを実感したのではないでしょうか。ベラルーシやウクライナという遠く離れた地で、しかも時代も違う原発事故被災者に対して、時代を超えて共感し、思いをはせるという体験を映画が取り持ったと言えます。

強制避難区域に踏み止まって生きる村人の姿に、飯舘村の自分たちを重ねる構図は、単なるノスタルジーとか感動とかを飛び越えて、何らかの歴史的な知見——原発事故の歴史観を芽生えさせたと思うんです。それは言葉に出しにくいもの——事故で得た痛みを伴う共感とか、見えにくいけれども確かにあるはずの未来への展望とか。時空を超えた別々の災害が、固く結び合わされた歴史の共時性のようにも思えました」

ヴィム・ヴェンダース監督「これは始まりです」

それから3カ月後の11年10月、阿部さんに1本の電話が入った。それは映画の配給会社からだった。なんと、あのヴィム・ヴェンダース監督が東京国際映画祭で来日することになり、ヴェンダース監督自身が「ぜひ福島を訪れたい」と話しているのだという。併せて、阿部さんにどこか被災地を案内してもらいたいという依頼だった。

この出来事には伏線があった。原発事故直後、フォーラム福島に勤務する海外留学経験のあるスタッフが、世界の映画アーカイブ機関を通じて、多数の映画人、俳優、アーティストたちに、原発事故後の被災地の様子を伝えるとともに、「福島の人たちに激励のメッセージをください」とメールで呼びかけた。これに対して返信は、なんと80通から100通ほどにものぼり、その内容は館内に張り出された。「頑張ってください」「応援しています」と、当然ながら激励が中心で、「いずれ福島を訪ねます」と書かれたメールもいくつかあった。その中に、ヴェンダース監督からのメールもあった。「私は、必ず福島を訪ねます」と記されていた。阿部さんは感激したが、「実際に福島にくるわけはない」とも思った。

ところが配給会社からの驚くべき電話で、阿部さんはヴェンダース監督からのメールを思い

上／フォーラム福島前でファンに囲まれるヴェンダース監督（2011年10月）
下／約束通り福島を訪れ、つかの間の休憩を取るヴェンダース監督
写真提供／フォーラム福島（p.32も）

出す。そして監督のファンである小林さんにすぐに電話をかけた。「ヴェンダース監督を飯舘村に連れて行くから、村を案内してほしい」。来訪当日は、最新作で東京国際映画祭でも上映予定の作品『Pina／ピナ・バウシュ 踊り続けるいのち』の試写会をセットし、観客と交流できる場も設けた。果たして11年10月27日、ヴェンダース監督は福島駅に降り立った。阿部さんの車で全村避難になりひとけのない飯舘村を回り、小林さんの自宅にも立ち寄った。

監督と会った瞬間、小林さんは「あっ！（『ベルリン・天使の詩』に登場する、中年男性風の）天使が、この飯舘村に舞い降りた！」と思った。原発事故後、自分で決意して福島に残り大変な出来事を体験していた小林さん。それでも「辛い時にはいつも映画が救ってくれた」体験を重ね、3カ月前には『アレクセイと泉』の上映に向けて活動し、何度目かの「映画によって救われる体験」をした小林さんの目の前に、天使のようにヴェンダース監督が舞い降りたのだ。午後4時半を回り、真っ暗になった飯舘村を阿部さんの車で回る。監督も通訳者も静かで無口だった。阿部さん曰く、「集落は1軒も光がなく、村全体が無人で不気味で暗いテーマパーク」のようだった飯舘村。小林さんも「監督はショックを受けている様子に思えた」

その後、福島市内のフォーラム福島で、試写会とアフタートークが行われた。劇場の客席は東京から駆けつけた人も含めて満席になった。作品製作にまつわるエピソードや作品論などを監督が話し、会場からの質疑も行われた。だが、原発事故直後のフォーラム福島からの激励メッセージを求めるメールに対して、「私は、必ず福島を訪ねます」と約束した、監督の思いの核心に触れる質問も会話もないまま、その時間が過ぎようとしていた。

すでに終わりにしようとする周囲を制して、最後の最後に、ヴェンダース監督自ら、「観客の皆さんに教えてほしいことがあります」と質問を投げかけた。「私は、皆さんのためにいったい何ができるのでしょうか。私にできることがあったら、皆さんに、それを教えてほしい」。そして有名な映画『カサブランカ』のセリフに重ねて、こう続けた。「これは終わりではない、始まりなのです。私は必ず戻ってきます。ここであなたたちとのつながりが切れるわけではありません」。周りの観客から、鼻をすする音が聞こえる。「そうか。みんなは、こう言われたかったのか」と阿部さんの目にも涙がにじむ。

福島大学の久我さんも当然、客席にいた。そして、印象的な監督の言葉を覚えている。「私は映像作家としての自分の目が信じられなくなった。これは生まれて初めてのことです。目の前で鳥が鳴く美しい景色の村が人の住めない村になった。私は自分の目が信じられなくなった」。その言葉を聞いて、久我さん自身は「本当に悲しくて、申し訳ない、と思いました」。嗚咽の声も聞こえてきた。

そして監督は最後に言った。「皆さん、皆さんは義務を負いました。辛いかもしれないけれど、福島で起きたこと、原発事故のことを世界に伝える責任があるのです」

阿部さんは「『フクシマの映画』上映活動から見えてくる3・11の深層世界――低線量長期被ばく都市・福島に身を置いて」(『21世紀の新しい社会運動とフクシマ立ち上がった人々の潜勢力』)で、こう記している。「あの時間、あの空間は、試写会後のトークとかいう類のものではない。ヴェンダースとフクシマの観客との、心の交感にほかならなかった」と。

14年、ヴェンダース監督は映画を作った。世界的な写真家のドキュメンタリー映画『セバスチャン・サルガド 地球へのラブレター』。阿部さんは言う。「あの映画は、まさに飯館村の体験、福島を思って作った映画だと思っています」

さらに23年、監督は日本を舞台にした

『Pina／ピナ・バウシュ 踊り続けるいのち』上映の後、
劇場内での講演会で観客と対話するヴェンダース監督

映画を完成させた。『PERFECT DAYS』。この作品は、同年、第76回カンヌ国際映画祭コンペティション部門で、主演の役所広司さんが最優秀男優賞を受賞。日本アカデミー賞では最優秀監督賞や最優秀男優賞を受賞した。もちろん、フォーラム福島でも上映された。一見、平凡そうに見える日常の中に確かにある宝石のような生のきらめき。映画を観た福島の人々は、それぞれに監督のメッセージを受け取ったはずだ。

阿部さんは言う。「いつの頃からか、ここで、いろいろな人と出会い、一緒に何かをしたり、議論したりすることに心底、喜びを感じるようになっていた。そういう場を育む手伝いをするのが映画館なんじゃないかと。ここ、フォーラム福島が原発事故後の人々をつなげる、その結節点であり続けることが、とても大切だと思っているんです」

19年以降、世界中で新型コロナウィルス感染症が蔓延した。フォーラム福島もまた、一時休館する事態となり、原発事故後と似た状況になった。阿部さんは「原発事故とコロナ禍は似ているが、大きく違うのは、コロナ禍は全世界に広がり、被害者の体験が共有されたけれども、原発事故は福島やその近県の人たちだけの被害にされた。その点で、原発事故の被災者は孤立感や孤独感を強く味わった」と話す。

ヴィム・ヴェンダース監督が言う「被災を伝える責任」。その言葉は、原発事故、そしてコロナ禍を体験した私たちが次代に伝えるべきものとして、重く、強く、響き続ける。

「市民科学」を目指すキリスト者

片岡輝美さん（会津若松市）

安全かどうかは私が決める

「子どもの命を守りたい」との思いで、「会津放射能情報センター」を立ち上げ、水や食品、土などの放射能を自ら測定してきた人たち。その真ん中に、日本基督教団若松栄町教会牧師の妻、片岡さんがいた。

最初の受洗者は野口英世

福島県は全国の都道府県でも3番目に面積が広い。地図で見ると、南北に走る阿武隈高地と奥羽山脈によって、太平洋に面した「浜通り」、県庁所在地・福島市や商業都市・郡山市がある「中通り」、そして「会津」の3地区に分けられる。浜通りで起きた原発事故の影響は、中通りだけでなく、会津地方にも影響を及ぼした。原発事故から14年が経った今も、会津放射能情報センターは人々が出会い語らう場で、その中心人物が片岡輝美《てるみ》さんだ。

片岡さんは、猪苗代《いなわしろ》町の日本基督教団川桁《かわげた》伝道所（創立1824年）の牧師のもとに生まれた。のちに両親が会津若松市の若松栄町教会に転任。1985年3月11日に牧師の片岡謁也《えつや》さんと結婚、夫婦で同教会の仕事を担っている。会津放射能情報センターは教会の隣りにある。

若松栄町教会の最初の受洗者は、やけどで左手に障がいを負いながらも研究を続けた有名な細菌学者の野口英世（1876―1928）だという長い歴史を持つ。現在も、1911年に建立された木造の建物で、歴史的で風格のあるたたずまいに、訪れた人は写真に残す人も多い。

会津には、戦国時代から安土桃山時代の藩主・蒲生氏郷《がもううじさと》がキリシタン大名だった歴史から、キリスト教の教会が多いが、多くの信者や篤志家によりこの建物が建てられ、守られてきた。

芸術的な外観の他に、天井の四隅に「タイバー」と呼ばれる鉄の梁《はり》が張られ、雪が降るとその重みでピンと張り、屋根が広がるのを防ぐような工法のほか、天井がアーチ形になって声が拡散されるようになっていたり、多くの人が入れるようバルコニーもつけられるなどの技術と工夫が施されている。

そしてこの教会は太平洋戦争を生き延びた。その理由は「東京女子大学の学生数人が都内からこの教会に疎開してきた。教会が避難場所となり、軍に（建物が）接収されなかった」と片岡さんは話す。全国の教会は兵舎や工場になったり、改造されたところも多かったが、ここは奇跡的にそっくり残った。建物の入口には「若松日本基督教会」と書かれた創立当時の看板が掲げられ、礼拝堂には野口英世の時代からあるオルガンも保存されている。戦争という人災の中で、疎開した人々を受け入れることで、「命の安全地帯」のように歴史とともに生き残った。

はみ出した子どもの「避難所」に

教会の隣りには、会津女子高等学校（現・県立葵高校）があり、登下校の生徒たちは教会の前を通って学校の正門に向かう。80年代、校内暴力やいじめが激しい時代を迎えると、学校のドアやガラスを割ったり、けんか、暴力も起きた。学校に通えない、通いたくない高校生や中学生は、学校や社会だけでなく、教師や友人たちからも疎外された。

もともと教会では中学生対象の英語と数学の学習教室があったが、そこに〝はみ出した〟と言われる子どもたちが集まるようになった。牧師の謁也さんも「先生を殴ったり、学校のガラスを割ったりするんじゃなくて、楽器演奏を教えるから一緒にバンドをやろう」と受け入れた。彼ら、彼女らの発表の場として、年に2回のロックコンサートを礼拝堂で開いた。教会や、隣接する日本家屋の牧師の書斎には多くの子どもたちが自由に出入りし、1日を過ごした。

片岡さんは「夫は家出をした子どもを探しに行ったことも。教会が子どもの居場所として地域に認識される一方、地域からは〝一風変わった教会〟と見られていました。ずっと後になって、当時の先生から『生徒たちを受け入れていただいて、ありがとうございました』と言われました」。教会はこの時も、子どもたちを受け入れる「避難所」として重要な役割を担った。

中通りからの避難者を受け入れる

その教会が、会堂建築から100年後の2011年、東日本大震災と原発事故が起きた。

2001年から11年かけて修復工事をし、11年には「建築100年記念事業」を実施する予定で準備を進めていた矢先の出来事だった。

3月11日の夜、片岡さんの母に連絡が入る。以前から脱原発運動をしていた、当時福島市在住の宇野朗子《さえこ》さんが、わが子や友人家族とともに福島市から避難してくるという電話だった。片岡さんはすぐ受け入れ準備を始めた。まだまだ会津の冬は寒い。教会には40年以上運営され、少子化に伴い、その月末で閉園になる予定だった託児所があった。片岡さんらは部屋を暖め、布団を敷いて、すぐに休めるようにした。トイレもシャワーもあり、避難宿泊も可能だ。戦時中も疎開学生を受け入れてきた教会で、原発事故の「避難者を受け入れない」などという選択肢は、毛頭なかった。その数時間後の12日未明に宇野さんたち2家族が到着した。これが、教会が最初に受け入れた避難者だった。子どもたちは防護のために雨合羽を着て、毛布に包まれて入ってきた。真夜中にもかかわらず、地震の揺れ、そして突然の避難で、子どもたちは興奮し、室内を飛び回っていた。

12日午前、宇野さんと一緒に避難してきた友人の女性（実家が大熊町）を頼りに次々と彼女の親戚が避難してくる中、宇野さんらはさらに西へと避難することを決意する。その時、宇野さんは、「これから私たちはもっと西に逃げますが、輝美さんはどうしますか。絶対に避難して。輝美さんが逃げないと、周りの人の危機意識も変わらないから」と言い残して、教会を後にし

「子どもの命を守る」という強い思いで活動を続ける片岡さん

た。そして12日午後3時36分、福島第一原発1号機が爆発した。

託児所と片岡さんの自宅はドア1枚でつながっており、開けるたびに避難してきた人が増えていた。後から避難してきた人は、会津若松でガソリンを給油すると、長野や名古屋などを目指して出発。福島第一原発で働いていた人もいて、「もう、あの原発はおしまいだ」と言い残して去っていった。南相馬市小高《おだか》区・同慶寺と双葉町・仲禅寺の住職、田中徳雲《とくうん》さんも、家族を連れて福島市を経由して教会へやってきた。すぐに片岡さんが「原発が爆発した」というニュースを伝えると、田中さんは教会に上がることもなく「すぐ、この先へ避難します」と即断し、さらに西へと避難していった。

片岡さんも避難を決意

福島第一原発事故により、住民は「放射能の影響が見えにくい」という特徴を知った。政府が指示した避難自治体だけでなく、それ以外の地域、例えば福島市、伊達市などでも放射線量が高くなり、その住民も自分たちで判断して避難を行った。「原発事故に伴う避難の広域化」である。それゆえに、原発から120キロも離れた会津地方が、重要な避難者の受け入れ地域となり、その先へと避難するための足場の地域になった。今後、万が一、原発事故がどこかで起きたら、「避難は広域化する」ことは重要な教訓でもある。

13日の朝になると、教会へ避難してきた人はもう次の避難場所へと向かい、誰もいなくなった。片岡さんの中には、宇野さんが別れ際に投げかけた一言が、自らへの問いかけとして重く残っていた。心は、複雑に何度も揺れた。「私たちは避難するけど、輝美さんはどうするの？ 輝美さんが避難しないと、周囲の危機意識は変わらない」

以前から原発の危険性を感じていた片岡さんは、最も恐れていた事故が起きたことで、子どもたちを避難させる段取りを始めた。一方で自分は避難者や子どもたちを送り出した後は会津若松に残り、これから避難してくる人々の支援をするつもりだった。

震災の日、会津若松市に住む片岡さんの両親は都内におり、当時25歳になる長男の平和《へいわ》さん宅に避難。13日夜遅く、平和さんはレンタカーで祖父母を会津若松へ連れてきてくれた。翌14日早朝、平和さんは末の弟・希望《きぼう》さん（当時中学3年生）と従姉妹（当時中学3年生）を車に乗せ、東京へ。東京では、三重県鈴鹿市に住む片岡さんの義弟が待っており、子どもらを車に乗せ替えて義弟の自宅へ向かった。一方で、夫の謁也さんは13日に日曜日の礼拝を終えた後、すぐに津波被害が出ている宮城へと救援に向かった。

家の中に誰もいなくなった15日早朝、片岡さんは、原発がさらに爆発したというニュースのテロップをテレビで見る。続いて、ある情報がやはりテロップで流れた。「会津若松から新潟駅までの高速バスが再開する」。この瞬間、突然、恐怖が抑えきれなくなった。宇野さんが避難前に言い残した「大切な人と一緒にいてくださいね」という言葉が繰り返され、片岡さんも避難を決意した。

片岡さんの両親は満州から大変な思いをして引き揚げてきた戦争経験者で、原発事故発生直後から、「緊急時に国家は国民を絶対に守らない。教会には私たちがいるから、あなたは子どもと避難しなさい」と何度も片岡さんを説得し続ける。ついに、まだ会津若松に残っていた当時小学校6年生の甥とともに、友人の車や新幹線を乗り継いで新潟から東京、名古屋を経て三重県鈴鹿市へ避難した。

しかし避難した後、片岡さんに後悔が押し寄せた。わが子の命を守ることは最優先にすべきことと分かっていても、キリスト者である両親の生き方や被災地で救援活動を行っている夫を考えると、ともに生きてきた人たちを置いてきてしまったのではないか、自分は残るべき人間だったのではないか——。避難先に着いた途端、それまで流れなかった涙が流れ続けた。母親の異変に東京から平和さんが駆けつけ、関西にいた次男・自由《じゆう》さん、三男・正義《せいぎ》さんが「お母さんは希望や従兄弟たちの命を守ったんだ」と慰めた。

ほどなく、片岡さんの不在に気づいた会津若松の友人たちが片岡さんに連絡をしてきた。ある人は避難したことを批判したが、ほとんどが避難の相談だった。先に避難したことを詫び、避難を勧めると、友人たちは子どもや親を連れて北海道や九州に避難した。中には片岡さんを頼って鈴鹿に避難してきた人もいた。「輝美さんが避難しないと、周囲の危機意識が変わらない」と言った宇野さんの言葉は真実だった。

会津に戻り、子どもの命を守る活動へ

片岡さんは05年、「九条の会・西栄町学習会」を発足し、「自分の言葉で平和を語ろう」を合

い言葉に毎月、憲法や日本の戦争責任などの学習会や、ピースウォーク、映画上映会などを行ってきた。3月末、避難先から会津若松市に戻った片岡さんはすぐに同会の仲間と会い、子どもの命を守る活動を始めることにした。「国は国民を守らず、原発事故の原因や被害を隠蔽または過小評価する」という危機感があった。案の定、国から送り込まれた医師や科学者らによる「安心安全キャンペーン」が展開され、福島県内は大混乱に陥っていた。

原発事故から2カ月後の5月には、鎌仲ひとみ監督を招き、映画『ミツバチの羽音と地球の回転』(10年)を上映。県内各地から300人が集まった。参加者が持参した空間線量測定器の数値は、教会敷地内の地表1メートルの高さで毎時0・38マイクロシーベルト、地表では毎時2マイクロシーベルトを超えた。その数値の高さに衝撃を受け、同会の仲間とともに、閉園した託児所を拠点に「放射能から子どものいのちを守る会・会津」を設立し、活動を開始した。

原発事故前の平常時には、一般市民の被ばく線量限度は年間追加1ミリシーベルト以下になるように法令で定められていたものが、事故後の非常事態には年間追加被ばく線量を20~100ミリシーベルトとするよう引き上げられた。放射性物質は目に見えないし、匂いも、感触もない。何もしなければ、そこにあるのかどうかすらわからない。

ならば、自分たちで測定して事実を明らかにしようと、測定器を手に入れ、学校や公園などを実際に測って回った。市民測定室を開設する準備も急ピッチで進み、原発事故から4カ月後の7月、教会に隣接する建物で、水や食品、土などの放射能を測定する「会津放射能情報センター」が発足した。「子どもの命を守りたい」という思いで、人々の手で作られたセンターだ。入口には、活動理念を掲げた。それは、「安全かどうかは私が決める」。国が福島県に送り込んだ有識者や専門家の意見を鵜呑みにするのではなく、自分たちが主体的に、自律的に学び、測定し、行動することで知識を得て判断し、選択する。原発事故後、放射能で汚染された福島県民の新たな動きだった。掲げられたパネルにはさらに、こうも書かれている。「風評被害は、人の心から生まれるのではなく、政府が真実を明らかにせず、情報を隠し操作することが原因となって生まれます。私たちは自分の目で安全を確認することによって、安心な暮らしや食生活を求めていきます。センターは子どもや人々の生命を守る具体的な働きを担っています」。

片岡さんら「九条の会」会員がともに学んできたことが土台となり、「私の生命《いのち》は私が守る。私の生き方は自分で決める」「国に生命を預けない」という姿勢が、測定活動をする柱になった。10月にはドイツの教会団体から多額の寄付が届き、測定器を購入した。専門家による学習会を開き、市民による水や食品、土などの測定が始まった。

「測ったものを食べるか、食べないかは持ってきた人の判断を尊重することにしました。自分で判断していくことが重要だと思ったからです」と片岡さん。支援がほとんどないまま会津若松市内に自主避難した人たちはセンターで出会い、お互いを支え合った。数年後、地元に

上／旧託児所の玄関にある環境汚染反対や
脱原発のプラカード
下／海外からの支援で購入した放射能測定器

戻った人や、県外移住した自主避難の親子が再会し、お互いの近況を話すプログラムも続く。

「1人ひとりの痛みは本当に深い。でも、その痛みに心を寄せながら、『痛み比べ』をしないことが大切だと思います」と片岡さんは言う。「比べることで、自分の痛みなど大したことではないと口を閉ざしてしまったら、原発を推進した国や企業の思うツボだと思うから。原発から100キロ離れた町で生きる私だから言えることもあるし、言わなくてはいけないこともあります。ベルギーからきた学生に『会津放射能情報センターの活動は市民科学ですね』と言われました。えっ、市民科学？と思いましたが、この10年、私たちは命を守るために大切なことをやってきたと分かりました」

14年10月、片岡さんは無用な被ばくをさせられたことに対する精神的苦痛への賠償を求めた子ども脱被ばく裁判、そして親子裁判を支援する会の共同代表に、長年にわたり救援活動を続ける大阪府在住の水戸喜世子さんとともに就いた。裁判は24年、最高裁で棄却されたが、子どもたちの安全を守ろうという闘いは続く。

歌人

三原由起子さん（浪江町出身）

失われ、消えゆくふるさとを歌に遺す

福島第一原発より、
北へ約10キロの浪江町に生まれ育ち、
ふるさとを詠んできた歌人・三原さん。
震災後、思い出の学び舎は取り壊された……。

壊された浪中――歌人の原点

浪江町には震災前、浪江、幾世橋《きよはし》、苅野、請戸《うけど》、大堀《おおぼり》、津島の6つの小学校と、浪江、浪江東、津島の3つの中学校があった。震災後、一部は再開したが、多くが休校し、2021年度末で津島小・中以外は閉校となった。請戸小は地震と津波、そして原発事故の被害を伝える「震災遺構」として遺され、21年10月から一般公開されたが、そのほかの学校の校舎は取り壊された。

「浪中《なみちゅう》が壊されても、何とも思わないと思っていたのに」

私が三原由起子さんと一緒に廃校となる予定の浪江中学校を訪れたのは21年3月だった。原発事故に伴い、生徒や教師らが避難してから一度も使われることがないまま、校舎は毅然として立っていた。私たちは最初に正門を通り、広い校庭から校舎全体を見た。たくさんの教室の窓。原発事故前はたくさんの生徒の笑い声が響いていたはずの教室の窓は暗い。

三原さんが、真っ先に向かったのは、意外にも体育館の裏の草地。熱心にスマホで写真を撮っている。ここが、浪江中学校の中で一番印象的な場所だという。

三原さんは入学した直後から目立つ存在だった。なぜかバスケ部の先輩にこの草地に呼び出され、いろいろと言われた。何が気に入らないのかも、何がまずいのかも、言われていることの意味が全く分からなかった。「先輩に従うべき？　でも私は悪いことはしていない」。葛藤の中、次第に同級生ともうまくいかなくなり、不登校気味になった。「周囲の大人は我慢しろ、と言うだけ。誰に助けを求めていいかも分からず、ただ苦しかった」

そんな時、国語の教師で文芸部の顧問・佐々木史恵先生が声をかけてくれた。「ゆきちゃんの文章は、他の人とは違う。何か書いてみない？」。文芸部は暗いからと敬遠気味だったが、先生には少しずつ、自分の心の内を打ち明けられるようになっていった。佐々木先生は、三原さんのどんな考えも、どんな言葉も一切否定せずに、そのまま、まるごと受け止めてくれた。

「ああ、そうなのね」

「その時にどう思ったの」

そして、「それを書いてみない？」と提案してくれた。

「短歌は文字数に制約があるから、ゆきちゃんは自分が考えたこと、感じたこと、思ったこと、なんでも自由に詩や作文で書いてみて」

その言葉に、押し潰された心が生き返ったように感じた。実際に書いてみると、自分の中にあった言葉や感情がどんどんあふれ出してきた。佐々木先生は三原さんを常に励まし、その「作品」ごと三原さんを大切な存在として認めてくれた。やがて、作文コンクールで毎回賞を取るようになり、三原さんは失っていた自信を少しずつ取り戻していった。

中学2年生の時、「鏡の中のわたし」という詩を書いた。モダンバレエの発表会の前、鏡の前で化粧をして変わっていく自分自身の内面を表現してみた。緊張も、不安もある。でも心の中は鏡には映らない。その作品は福島県文学賞の青少年奨励賞に輝いた。3年生になると、「神様が与えてくれた試練」という作文で、不登校ぎみだった自分の体験を書いた。等身大の自分を素直に原稿用紙に書いて表現することは、三原さんにとって失った何かを取り戻したり、新たに構築したりというような出来事だったのかもしれない。その作品は、かんぽ作文コンクールで郵政大臣賞に輝いた。

「何か言われると落ち込んでいた私が、文章を書くことで立ち直りました。『もし他人に攻撃されたり、何かやられたとしても、私は書いていけばいい。大丈夫。立ち直ることができる』と。この時、私は自分の強みを実感したのだと思います」。この体育館脇の草むらは、歌人・三原由起子の喪失と再生、そして創作につながる、大切な原点となる場所なのかもしれない。三原さんと2人、その草地に立つ。職員室からも他の教室からも見えない。この死角で確かに始まった三原さんの人生の1シーンは、校舎が取り壊されても消えることはないだろう。

三原さんはその後、中学校での文芸活動が評価され、浪江町から約50キロ離れたいわき市内《うち》郷《ごう》にあるいわき光洋高校に推薦で入学する。毎朝、毎夕、太平洋沿いを走るＪＲ常磐線で、浪江駅から内郷駅まで片道約1時間の電車通学が始まった。

朝日受けて今日の私のときめきを鏡のように映しだす海

波のうねり車窓に顔寄せ眺めいる広く大きくなれそうな夏

（「みどり風」第48回福島県文学賞短歌部門青少年奨励賞）

三原商店――家族の歴史が詰まったレコード店

三原さんは幼い頃から町でも知られた子どもだった。その理由は、JR浪江駅前から歩いて10分、浪江小学校は目と鼻の先という町のメインストリート、新町通りに面した一角に、かつてはおもちゃや自転車の店でゲームセンターもあった「乗り物センター三原（旧・三原商店）」が実家だからだ。小中高校生がよく学校帰りに遊びにきたり、親子連れがおもちゃを買いにきた。

震災時、三原さんは結婚して東京で暮らしていたが、発災の時は、祖母、両親ら家族はここで生活していた。多くの親戚も浪江町にいた。震災後、両親や祖母は山形県へ、その後千葉県

浪江町で最初にできたレコード店、三原さんの実家（曽祖父母の時代）
『相馬・双葉の昭和』（いき出版）より

に避難し、現在も同県で暮らしている。20年1月から店の一部取り壊しが始まった。

三原さんと並んで、「乗り物センター三原」の名残のある建物と向かい合うように立った。私たちと建物の間には建物が取り壊された更地が広がる。この更地にあった建物の中で弾けるような子どもたちの声や姿を想像してみた。「小学生の頃、店内に有線放送の流行歌が流れていて、原町（現・南相馬市原町区）の有線放送局へリクエストの電話をかけて、光GENJIの曲などを聞いていた」。子どもたちにとって楽しい場所、楽しかった思い出の場所には、春先の風が吹いていた。

そもそもこの町の一等地とも言えるここは、町出身の作曲家で、『高原の駅よさようなら』で知られる佐々木俊一氏の実家だった。曽祖父母らが佐々木氏からこの土地を購入した。戦前の1935年頃には、佐々木氏や、『東京音頭』で知られる歌い手の小唄勝太郎もきて、多くの人で賑わう中で、曽祖父母がレコード店「三原商店」として開店させた。その当時の写真が残っているが、ビクター特約店として、浜通りでもハイカラ、流行の最先端を行く店だった。

63年以降、浪江町を訪れた歌手は多数で、マヒナスターズ、春日八郎、水前寺清子、三波春夫、橋幸夫、北島三郎、美空ひばり、青江三奈、五木ひろし、天地真理、山口百恵、森昌子、ピンク・レディーと、時代を代表する人が歌っている。

福島県浜通りで2万数千人の人口の浪江町で、これだけの有名歌手を呼べた背景には、そもそも佐々木氏ら作曲家を輩出するような音楽や文化にあふれ、古くから内需型の商業が盛んな地域性、住民性が1つの要素だったと思われる。それに加えて、やはり忘れてはならないのが、原発建設による雇用拡大や関連企業・事業の増大といった地域経済の拡大だろう。

東京電力福島第一原発の建設が始まったのは67年だが、75年以降は福島第二原発（富岡町・楢葉町）の1～4号機の建設と、福島第一原発3～6号機の増設が続く。地元へは「電源三法交付金」というお金が降り、公共施設、例えば役場の建物や公民館、そして小中学校も立派なものへと建て替えられた。原発増設によって立派になった学校校舎は、津波や地震で傷み、そして原発事故による放射能汚染でまるごと放射性廃棄物となって取り壊された。原発を巡る住民の歴史もまた、原発を巡って、誕生と破壊の流れの中にある。

三原さんが生まれた79年には、アメリカのスリーマイル島原発事故が起きたが、この年に東京電力福島第一原発6号機は運転を開始している。三原さんは原発が脚光を浴びた時代に育った。「家が商店なので幼い頃はあまり原発を意識することはなかったのですが、小学校の時、作業服を着た人が原発から帰る途中に店に寄ったり、外国人、たぶんGE（＝福島第一原発を製造したアメリカのゼネラル・エレクトリック社）の人がたまに買いにきたりして。父が英語を使って話しかけたりしていた」と言う。

町ごとの経済格差――子どもの視点

双葉町の駅舎が新しくなった
城のような駅舎ぽつんと立っている人口一万に満たない町に
（『不等式』）

双葉町、大熊町という原発立地町に接していながら、浪江町には原発が建設されなかった理由は、町民の強い反対運動があったからだ。町外からきた大企業が開発する原発に、先祖の土地、そして子孫に継承するための土地を売らないという自立の精神、第1次産業や商業など自らが生産・事業手段を持ち生業《なりわい》を立てるという起業家精神が住民の間に宿っていた。

しかし地方の農村は、近代化、工業化へ目が向いていた時代。つい10年前までは同じような環境だった隣町が、原発産業でみるみる豊かに、近代的に、公共的な建物もすばらしいものへと建て替わっていく「原発マネー」の威力を、浪江町の人々はずっと見てきた。

「『浪江は原発がないから貧乏だ』と、大人がよく話していた。大学生の頃は双葉町の駅舎や大熊町の図書館の立派さは、原発で富む町の象徴のように感じた。でも、浪江町の体育館はボロいけれど、一番人口が多いのは浪江だという意地や誇りがあった。あの頃、双葉町体育館にミュージシャンの「聖飢魔《せいきま》II」がきた時には、子ども心にうらやましかった」と三原さん。

町同士の経済格差だけではなく、子どもの間でも経済格差を突きつけられる体験もあった。三原さんは3歳からモダンバレエの教室に通っていたが、ある日その教室に東電の管理職の娘が入ってきた。手足が長く恵まれた体形の彼女は、コンクールで目覚ましい成績を収める。「コンクールに出るために、教室の特別指導を受けるけれど、その授業料は高額で、衣装代もかかった。お金のある人がコンクールでも有利な現実、同時に子どもではどうしようもない経済格差の不条理を感じた」と言う。子どもの活動も、親の収入に左右された。だからこそ「原発に囚われずに生きよう、というような気持ちが私の中にはあったと思う」と振り返る。

リスクを教えてくれた先生たち

三原さんが原発の危険性を知ったのは、小学校の頃だ。『はだしのゲン』の映画を観て、学校の先生が「原発が爆発したら、原爆の何倍もの威力、被害が出るのは確実だ。特に福島第一原発は出力量も大きいし、爆発したら終わりだからな」と話してくれた。

中学のある授業で、先生が改まって語り始めた。「今日は原発のことを話したい」。先生は、「親御さんが原発で働いている人もいるけれど、ちょっと考えてほしい。原発の拘束時間は8時間だが、危険な仕事をしている人は線量計が鳴ったら休憩室に戻って、拘束時間の残りをそこで過ごして帰っていく。そういう働き方について、みんなも考えてほしい」と。世界ではスリーマイル原発やチェルノブイリ原発で深刻な事故が起きている。原発事故を考えれば自然に、浪江町という小さな世界から世界各国へと視点が広がる。福島第一、第二原発に近い浪江町の中学校の教室の片隅で、教師が中学生にそのような問題を投げかける授業が行われていたことに驚く。

一方で、原発産業への就職を促す教師もいた。「〝東電学園〟(東電が運営する学校)や小高《おだか》工業に進学すれば、就職の心配はない」と話す教師もいた。三原さんは、被ばくの危険性を話す教師は少なかったような記憶がある、という。

三原さんは東京の大学に進学するために浪江町を離れた。その後、短歌を通じて知り合った夫と結婚。ある時、仕事がうまくいかなくなった時期に、浪江町に帰っていたことがあった。「三原さんが浪江に帰ってきている」。卒業後も連絡を取っていた恩師が浪江小の校長になっており、その情報をキャッチして、「学校に遊びにこないか」と声をかけてくれた。

「池の中の鯨」とわれを例えては励ます恩師の愛は変わらず

（「海遊集団」）

ふるさとの人の温かさに触れ、三原さんは回復していった。しかし、その恩師も、退職後に東電の広報として働くことに。原発産業は、深く静かに、そして固く、地域と住民の生活に密接に入り込んでいたのだった。

東日本大震災後のふるさと

11年3月11日。巨大な揺れの後、ネットには真っ赤な浪江町の地図が表示されていた。「震災後の方が人づき合いが楽になった。原発がリトマス試験紙になった。震災が起きて、変われる人か、変われない人かは大事なポイント。だから震災ってすごい出来事だったと、改めて思う」

iPad片手に震度を探る人の肩越しに見るふるさとは赤　（「ふるさとは赤」）

一月の同窓会に集まりし数人はいま1Fに就く　（「ふるさとは赤」）

原発の話題に触れればその人のほんとうを知ることはたやすい　（「われらの世代」）

脱原発署名の前を過ぎ行きて身を翻し名前を記す　（「螢を追って」）

20年11月、浪江町から静岡県に避難する堀川文夫さんら世代を超えた仲間とともに、「浪江町の各小中学校解体を延期し、町民・卒業生にお別れの機会となる閉校式の開催を求める請願署名」を集める活動をした。わずか1カ月で、紙とインターネットで3751筆の署名が集まった。住民が全国各地に散り散りバラバラに避難している現状で、これだけの署名が集まったのは奇跡的なことだった。ところが、この署名は町の議会で賛成少数で否決された。21年、「乗り物センター三原」から見える場所にある浪江小学校で、校舎の取り壊し作業が始まった。三原さんは学校の解体を見届けるように、頻繁に浪江町に帰り、その様子を見守った。写真家の中筋純さんも、壊されていく校舎を記録し続けた。

三原さんにとって「ふるさと」と言える原風景の1つであった浪江小学校。そこで黄色い重機が音を立てて動き、汚染物やがれきが詰まった黒いフレキシブルコンテナバッグが並ぶ。正門には、解体番号が振られた看板が立っていた。三原さんは言う。「東電や国が、被災者やふるさとを失った人に対して悪いと思っているなら、校舎など、みんなが懐かしいと思える部分を残すぐらいのことはしてくれると思っていた。ところがそうではなかった。地元の人々の気持ちを踏みにじっている。非情すぎる」

校舎が残せないなら、別の方法で町を残す方法もある。「歴史を学んで、短歌を詠んだり、文章を書くことで故郷を残していくしかない。同じような気持ちの人と世代を超えてつながって、どういう残し方をするかを考えていきたい」

（「われらの世代」）

ふるさとを失いつつあるわれが今歌わなければ誰が歌うのか

三原さんは、最初は誰かが浪江の状況を伝えてくれると思っていたという。しかし、「誰かに代弁してもらうのではなく、ふるさと・浪江を失いつつある自分が感じたことは、自分じゃなきゃ言えない、伝わらないって」。そして歌う。喪失の過程にあるふるさとを、短歌の中に遺すように。そして自らの詩を、浪江町の情報を発信し続けている。もの言えぬ町の人々の思いに、自分の思いも重ねて。

浪江町を語る会始まる　町民の声を伝える

22年4月、浪江町役場に隣接するコミュニティスペース「まち・なみ・まるしぇ」で、町民や来訪者に原発事故前の浪江町を伝えようという催し「第一回浪江を語ろう!」が開かれた。原発事故から11年、その間、避難生活が長期化し、各地を転々とする人もいる中で、記憶の底にしまい込まれた震災・原発事故前の浪江町での暮らしや文化、引き継がれた地域の歴史を語り合い、未来に伝え残す方策を考えていくことが目的だ。

企画したのは三原さんと、浪江町の行政区で住所に残る「大字《おおあざ》」に注目して歴史調査を続ける『「大字誌浪江町権現堂」のススメ』（いりの舎）の著者・西村慎太郎さん（国文学研究資料館教授）たち。浪江町文化財調査委員会委員長で、南相馬市博物館展示収集委員会副委員長の末永福男さんを中心に、国鉄時代のJRに勤務し、町内外を往来する人々の移動に関わった大倉満さん（24年逝去）らが発表した。

最初に発表した末永さんは、長く町の職員として公民館に勤め、地域の歴史資料を発掘・調査してきた。退職した後も、大堀相馬焼や古いカメラなど民俗、歴史資料を収集・保管しつつ、語り継ぐ活動を続けている。地元の人の中には末永さんを「浪江町の生き字引」と呼ぶ人もいる。震災後、福島県二本松市での避難生活の中でも、貴重な大堀相馬焼を収集し続け、その数は70点を超える。

店の跡に立つ三原さん。2021年3月

「浪江町で生まれ、育ち、70年間『住まって』おりました。今は南相馬市原町区で山暮らしをしており、震災後ここ10年ほど、まだ浪江に帰り着いておりません」。そう話し始めた末永さんは、町の大平山に伝わる「でいでらぼっち」という大男の伝説を紹介した。「むかーし、むかし、おっきなおっきな大男が住んでいたんだと。これはでいでらぼっちって呼ばっちゃ（＝呼ばれた）らしいなあ。大男だから、大平山に腰かけて、手を伸ばしてアサリだのハマグリだのを取って食べた。貝塚なんて言っているのが、でいでらぼっちが食った跡なんだと」

地元の言葉で昔語りをする末永さん。全国各地の貝塚の周辺には、こうした大男、でいでらぼっちの伝説が残るのだと説明した。聞く者を深い歴史の世界に誘う、温かく優しい話だった。

大倉さんは公共交通の歴史を紹介した。77年に旧国鉄に就職するまで、鉄道やバスに乗って浪江町から出たことがほとんどなかったという。88年、国鉄は分割民営化でＪＲとなり、大倉さんはＪＲバスへ移籍。137もあるバス停の場所と名前を苦労して覚えた。当時は、ぬかるんだ道でバスが立ち往生すると、路線にある電柱に車掌が登り、電線に電話をつないで本社や支社へ立ち往生の様子を連絡。乗客が降りて、後ろからバスを押すこともあった。今、車で1、2時間で到着できるところへも、半日かけて行った、のんびりとした路線バスの旅。まるで当時の乗客の会話が聞こえてくるような、昭和の時代の空気が、伝わってきた。

「一番の賑やかな思い出は、浪江町で十日市があった日のこと。臨時バスが出て、乗客が合計100人ぐらい乗って満杯になったこと。途中でリンゴ飴、買ったりしてね。昔はいっぱい、いっぱい、いいことがあったんだと思います」

双葉町、浪江町の歴史調査を続ける西村さん。「高野《こうや》」と呼ばれていた地名が、火災が多かったために「浪江」と呼ばれるようになった背景などが綴られている資料を発見。書かれた日付から、「おそらく19世紀の早い時期には『高野』と『浪江』が併用されていたのだろう。幕末には『浪江』に一本化する」と現在の名称になった経緯を分析した。参加者からは、「きてよかった。もっと浪江町の話が聞きたい」「また開いて」という意見が寄せられた。

続いて三原さんがこう呼びかけて発表を

避難した人々が集まった浪江町の校歌を歌う会で。
2018年9月、うたごえ喫茶ともしびにて

始めた。「こんにちは。乗り物センター三原の娘の、三原由起子です」。隣近所のおじちゃん、おばちゃんたちが浪江に戻ってきて、こんなあいさつができる日は再びくるのだろうか。「私が通ったアスナロ保育園も浪江小学校も、母校がみんななくなってしまいました。どんどん変わる浪江町ですが、知らなかったこと、住んでいる時にはあまり気にしなかったこと、町を離れて新たに発見したことを共有できれば」。「浪江を語ろう！」はその後回数を重ね、23年12月15日、5回目が開催された。

沈黙は日ごとに解《ほど》けていくように一人ひとりと声を束ねて　（「声を束ねて」）

「十日市」の再開、「浪江を語ろう！」は12回に

24年11月23、24日、浪江町地域スポーツセンター駐車場で「十日市」が開かれた。商店主や住民らが小さな店を出し、また多くの住民が浪江町の一大イベントであった十日市を懐かしみ、足を運んだ。その出店の中に、今も頻繁にふるさと・浪江町に帰っている三原さん、そして西村さんの姿もあった。三原さんは、町外の避難先からきた友人、知人らに囲まれ、遅くまで話

し込んだ。

今、浪江町では新たな状況が生まれている。それは復興事業に伴い町外から移住する人たちが増加してきた一方で、避難先から戻ってきた古くからいた住民との交流が減っている現状だ。浪江町の歴史や文化を保存しようという動きも鈍い。

三原さんも「新しくきた人とのコミュニケーションが難しい」と感じ始めている。これは原発事故の影響を受けた地域は同じような傾向があると私は思う。新しい町民と古い町民が、原発事故そして復興事業をはさんでどのような浪江町を未来に作っていこうとするのか。ブルドーザーで大きな音を立てて一気に古いものを壊し、そこに異種・異文化を「上から目線」で植え付けるのではなく、その土地に本来あった古い文化や歴史や人々の生活を理解し、それらへの尊敬や住民の尊厳を大切にした復興、そして未来であってほしい。沈黙を解こうとする三原さんたちの取り組みは、その重要な1歩だと思えてならない。

＊記事中の短歌は、三原由起子歌集『ふるさとは赤』（本阿弥書店）より

元漁師
志賀勝明さん（相馬市）

「原発反対」を生き続ける漁師

南相馬市でホッキ貝漁師だった志賀さん。原発に反対し、事故後は避難生活の中、被災地を案内。平和と憲法を護ろうと同市ゆかりの憲法学者・鈴木安蔵を伝え続ける。

漁民が求めた「家から通える近海漁」

志賀勝明《かつあき》さんは福島県の浜通り、福島第一原発から約20キロ地点にある旧・小高町《おだかまち》（現・南相馬市小高区）の漁師の家に1948年に生まれた。実家は海からわずか300メートル。漁業とともに、水はけの悪い谷地やヨシ原を切り拓いた水田で米も作る「半漁・半農」で生計を立てた。「大雨が降ったら田んぼがダメになった。その分、漁に行くか、あるいは土木作業員として出稼ぎに行くか、経済的には恵まれていない地域だった」と言う。

近所では首都圏に出稼ぎに行く家もあったが、志賀さんの家では漁に精を出し、出稼ぎはしなかった。地元の福浦小、中学校、相馬農業高校を卒業した後、親の後を継いだ。父親は志賀さんが後を継いでくれることに大喜びし、高校卒業に合わせて船を準備した。父親の世代は、エサと針を付けた縄を和船で操る延縄《はえなわ》漁で、アイナメやメバルを釣り上げた。

その後、地元・小高町の福浦漁協が、浪江町の請戸《うけど》漁協と合併し、水揚げ港は、縄の積み下ろしが大変だった砂浜の村上海岸から、岸壁のある請戸漁港に移った。岸壁に停めたトラックから船に網を積み替えて沖に出る漁師が増え、これに比例して請戸漁港の水揚げも増した。

「漁師の世界では、近海で漁ができるのは本当に幸せなことなんだ。家から通えるしね」

原発計画への違和感、公聴会で反対陳述

幸せな漁師一家——その穏やかな生活が陰りを見せる出来事が降ってわいた。浪江町の南側にある富岡町で、福島第二原発の建設計画が起こったのだ。その動きは60年代後半から少しずつあった。地元では賛否の激しい議論が起き、反対する町民の間では団体が結成され、署名活動や関係各局への要望書提出など市民運動も展開された。

そして、73年9月18、19日の2日間、浜通りから70キロほど離れた県庁のある福島市で公聴会(「東京電力福島第二原子力発電所原子炉設置の許可について」)が開かれることが決まった。この公聴会を前に、地元住民による勉強会が富岡町で開かれた。固定式刺網《さしあみ》によるカレイ・ヒラメ漁と、農業をしていた25歳の志賀さんは、地元農協の役員に誘われて参加した。講師は東京大学工学部原子力工学科の助手で、原発推進側から圧力をかけられながらも、原発の危険性を訴えていた安斎育郎さん。真剣にその危険性を説く姿に、強い印象を持った。

「今まで全く知らないことを聞いた。それが原発との関わりのスタートだった」と志賀さんは回想する。この勉強会では、福島大学の研究者が「原発から出る温排水が、近海の漁場に影響を与える」と説明した内容がストンと腑に落ち、原発への強烈な違和感を初めて抱いた。

そして「建設追認のアリバイ会議だ」と、開催反対のデモ隊も出る中、福島市で公聴会が開かれた。出席した42人の陳述人のうち15人が反対。その反対者のうち、志賀さんは漁民でただ1人、温排水の影響や原発の危険性を指摘し、原発反対の意見陳述をした。

ところがその翌年、今度は浪江町と小高町で東北電力浪江・小高原発の誘致が始まった。反対派と誘致派のせめぎ合いは激化していた。漁協幹部が次第に賛成に傾き、原発の誘致を決議するかどうかが諮られた漁協の総会で志賀さんは「賛成と反対の両方の組合員や学者の意見を聞いてから結論を出しても遅くない」と発言。これによって誘致決議の延期が決まった。一方で、原発に賛成する漁協の青年部からは「(漁協を)辞めてくれ。沖で何かあってもお前を助けない」と仲間外れにされた。漁は「板子一枚、下は地獄」と言われるように、船底の下はもっと深い海で、そこに落ちれば死が待っている。そんな危険な漁の中で、頼りになるのは仲間の船、漁民たちのつながりだ。だから漁民同士のつき合いは、命を賭けるほど深くて固い。それなのにその仲間から「もう助けない」と吐かれた。

その後、漁協で派閥争いが起きたことで、結果として志賀さんは漁協に戻れたものの、原発の危険性を訴えても耳を傾ける漁民仲間はいない。「自分は決して間違ったことは言っていない」という確信を持ちつつも、絶望的な孤独を感じた。その後、福島第一、第二原発の原子炉増設が続き、暗いトンネルの中にいるような日々が続いた。

知ること、学ぶことで「議論の公共圏」を

漁師の仲間たちからも疎外され、自分1人が氷に閉じ込められたような不遇の時期、志賀さんはどうしていたのか。実は、法律家や原発に詳しい専門家のもとを訪ね、原発と漁業・農業を巡る現状と、法律や制度、憲法について知り、学んでいた。学びの場で師を求め、仲間を作り、意見を交わした。1人の専門家の説を鵜呑みにするのではなく、別の専門家の視点から検証することの大切さや、賛否両論を比較して確認することも重要だと知った。さらには原発を止めるための考え方や運動論、具体的な方法も学んだ。例えば「土地の場合、地権者が電力会社に用地を売らないことで事業を止めることができる。トラスト運動だ。では漁業権はどうなんだろう。自分には、何ができるのだろうか」など、知識を得た上での行動を考えることが続いた。

「俺らの場合には、漁民1人ひとりが権利を持つのではなく、漁協に所有権がある『共同漁業権』になっていた。1人の漁民の力が弱い、ということも分かった」と振り返る。それで「漁協の幹部が俺のことを『なんだよ、あの野郎』と言った理由がようやく分かった。原発を認めれば、漁協に金が入ってきて、その金を分配できるからだ」

25歳の時、原発の温排水が漁場に与える影響を批判的に指摘した志賀さん。
それから長い戦いが続いた

志賀さんは、見えない自分の海に網を張り、見えない自分の畑を耕して、魚が釣れる季節を待ち、農作物の収穫の時を信じるかのように学び続けて知識を積み重ねた。それは自然を生業とする漁民、農民としての意地だったに違いない。

専門家からは、原発に反対する人を増やすために、自分が得た専門的な知識を他の人にいかに分かりやすく説明して伝えていくかという極意を学んだ。「原発技術が不完全なことを『トイレのないマンションを作るようなもの』とか、『6基の原発が海からくみ上げる冷却水の量は、阿武隈川6本分』というように、具体的にイメージできるような言葉で表現していた。なるほど、と思った」

さらには仲間作り。その舞台となったのは、志賀さんが団長を務めた小高町の連合青年団だった。学習会で、原発を一緒に学ぶことを始めた。「俺は海では漁民からやっつけられているからね。ならば、陸《おか》に上がって、仲間と一緒に勉強しようと思ったんだ」

ある時には日本科学者会議の原子力問題研究委員会委員長を務めた中島徳之助さんを招いて、原発は必要か、必要ではないかを参加者とともに議論した。原発がまぶしい光を放っていた中で、その光の裏には原発の危険性が潜んでいるという影が確かにあるということを学ぶ取り組みは続いた。

その後、公聴会で志賀さんが反対意見を述べた東京電力福島第二原発は、反対住民側から原子炉設置許可処分取消裁判も提起されたが、住民ら原告の敗訴に終わった。しかし志賀さんは言う。「金に支配される生き方や、大衆迎合する生き方ではなく、自分の生き方を持つというのはうんと大事だなあと思っていた。だから学ぶこと、知ることは大事なことだと分かった。真実を知る、ということは、自分の意見を持つということだからね」

そして2011年3月11日。福島第一原発が事故を起こした。

ホッキ漁は6月1日から1月末まで8カ月の漁期。3月は休漁期で農作業の時期。確定申告で相馬市の税務署に向かっている時に、揺れに襲われた。海に面した自宅は床上1メートルの被害。土盛り分を含めて高さ2メートル以上の津波に襲われた。その後、相馬市内の息子のアパート、南相馬市の仮設住宅を転々とする。

原発事故を伝える案内人に

まだ避難生活を送っていた13年の春頃から、さまざまなつながりから志賀さんに「被災地を案内してほしい」と、県外の視察者より依頼がくるように。24年までに案内した人は全国各地から約5000人にのぼる。

津波後も残った浪江町請戸小の体育館には、津波がその高さまできたことが分かる黒い線が残る。その津波の高さ、大地を削るように襲った津波の痕を実際に見てもらい、感じてもらう。訪れた人は自分の背丈より高い津波の筋に、「ここにいた人はどうなったのか……」と絶句する。報道や想像を超えた、リアルな被災地の姿に圧倒される。「自分たちも原発事故が起きたら被害に遭うのではと、福島の現状を身近に感じたからではないか」と志賀さん。

案内した中で特に印象的だったのは、鳥取県から視察にきた6人の中学校長。島根原発が隣県にあるため、学校や子どもたちの避難がどうなっているかを含めて視察にきた。

志賀さんは視察が始まると、他の視察と同じように現地を案内し、解説を加えていった。校長たちも遠慮気味で、あまり質問もないまま、視察は進んでいった。そして、志賀さんの生まれ育った南相馬市小高区に入り、小学校にきた時のことだった。原発事故後の避難で子どもがいなくなり、志賀さんの母校である小学校も含めて4校が統合され、壁にはその4校の校章が並べて掲げられていた。壁の前に立った6人の校長は並んだ校章を見た途端、絶句してしまった。身動きもせず校章を見つめている。強い衝撃を受けているのがありありと分かった。

原発事故は今も子どもたちや家族に過酷な避難を強いていること。子どもたちが走り回っていた校舎や校庭にはすでにその姿はなく、合併で〝消滅〟した学校もあること。その厳しい現実が並んだ校章に表れていた。その直後から、校長たちはがらりと真剣な表情に変わり、次々と質問を投げかけてきた。原発からの距離はどうだったか、避難の様子は、放射能が拡散した状況とその影響は――。志賀さんは、原発事故が起きて放射能が漏れたら、風向きに気をつけることや、一帯が汚染された後は、田畑や住宅は除染されたが山と海は除染されていないことなども説明した。

「被災現場にくれば、その人の視点で重要なことを発見できる。目前には広がっていない被災状況さえも実感できる」、その様子を志賀さんは目撃した。福島の外からきた人たちが、視察の中で教えてくれたのだ。「現場にきて、実態を見て、原発事故や放射能の影響を自分のこととして捉えてくれた。建物や風景を含めた状況は、言葉では説明できない多くの原発事故の現実を物語っていると、改めて実感した」と回想する。

海底では何が起きているのか

23年8月、東京電力はALPS処理汚染水の海洋放出を開始した。「原発事故直後から、山も谷も土も川も汚染され、それにつながる海はすでに汚染されていた。また海を汚すのか」と志賀さんは憤る。

いつも気になるのはもちろん、海の状況だ。南相馬市小高区に近い浪江町の請戸小学校(24年現在は震災遺構として保存・公開)の東側の海岸が変化している。原発が稼働していた時、その近くにある原発の専門港周辺で、船が通るため東京電力により海底の浚渫《しゅんせつ》工事(海底の砂浜を除去する作業)が行われていた。このため、海岸に設置されたテトラポットに波が打ちつけるという風景が広がっていた。それが11年の原発事故後、浚渫工事がなくなり、海岸には砂が打ち寄せ、請戸川の河口周辺にも砂浜が蘇った。「原発が稼働しなくなって砂浜が戻ってきた。砂浜を消すぐらい、原発の運転は海岸にも影響を与えていた」

福島の被災地では、戻ってきた風景もあるが、消えていく風景の方がはるかに多い。24年現在、震災当時の建物の多くが取り壊され、更地になった。存在していた生活の痕跡さえ、もう目には見えなくなっている。しかし、志賀さんは地元の漁民、農民として、原発反対運動の時代から現在まで、その「見えなくなったもの」全てを伝えようとしている。かつて漁協から疎外されながらも、やはり原発は危険で建設すべきではないと確信し、主張し続けた誇り。それは、転々と避難を重ねて、糸の切れた凧のようになりかけても、しっかりと志賀さんをフクシマにつなぎ留める生命線のようだ。

汚染状況や自然環境の点で分かっていない部分の1つが海底の状況だが、今、志賀さんらは福島大学の研究者と協力し、その様子も調査してもらっている。

「俺はね、ずっと海で生活してきた。だから安全だなんて言われてきた原発が嘘だと見抜けた。事故の前、どうしていたかが大事だと思うんだ。ここで暮らしてきた人間として真実を伝えること。それが俺の役割だと思う」と断言する。

鈴木安《やす》蔵《ぞう》実家保存、憲法を護る取り組み

志賀さんは原発事故を理由として、歴史や建物が消し去られてしまうことへの危機を感じ、

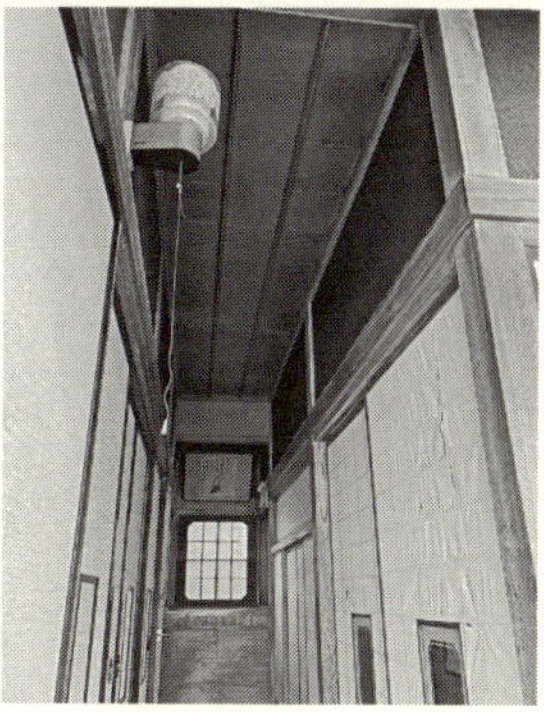

上／鈴木安蔵の実家では取材をしたこの日、メンテナンス作業が進んでいた
右下／家の内部。雰囲気のあるたたずまいが残っている
左下／親族から連絡を受け、保存に奔走した志賀さん。玄関前で

保存運動を続けている。その1つが、平和憲法を護る活動だ。

震災のあった11年から、志賀さんは語り部として、視察に訪れた人々に被災現場の様子を説明していた。そして13年末頃、福島大学の元学長で名誉教授、福島県九条の会会長の吉原泰助さん（22年1月に逝去）から、全国九条の会会員による被災地の視察の案内を依頼されたことだった。吉原さんは視察ルートの中に、南相馬市小高区にある憲法学者の鈴木安蔵（1983年8月に79歳で逝去）の実家を入れることを提案した。鈴木はGHQが『日本国憲法草案』を起草するに当たり参考とした『憲法草案要綱』を作成した人物である。

吉原さんからの依頼を受け、志賀さんは鈴木安蔵の親族と連絡を取った。原発事故後、関東に避難していた親族と、志賀さんは以前から交流があったのだ。安蔵の実家も回る視察は無事実現した。その後、別の視察で非常に印象的な出来事があった。参加者の1人に憲法学者がいて、「私が今日この視察に参加したのは、鈴木安蔵の家を見るためだった」と感激した面持ちで語った。

こうした体験をきっかけに、志賀さんは鈴木安蔵や平和憲法について、猛烈に勉強し直した。南相馬市の詩人若松丈太郎さんや、鈴木安蔵の門下生で、安蔵研究の第一人者、護憲運動にも取り組む立正大学法学部名誉教授の金子勝さんら研究者からも学んだ。

そのような中、避難先にいる鈴木安蔵の親族から連絡があった。「家を壊すことになりそうです」。原発事故後、地震の揺れと人が住まなくなった影響で、小高区の安蔵の実家の傷みが加速していた。地元でも、公費で解体できる期限が決まっていることもあって、急速に民家解体が進み、更地が増えていた。

志賀さんが世話人を務める小高九条の会や、はらまち九条の会の会員ら地元の護憲運動をする人々は、それを聞いて驚愕した。吉原さんからは「絶対に取り壊してはならない。何とか保存に動いてほしい」と懇願された。そこで志賀さんがはらまち九条の会会長の平田慶肇さんに相談すると、平田さんは「市に保存を依頼しよう」と提案。南相馬市長（＝当時、現在は市議）の桜井勝延さんに相談し、市が動いて18年、国の登録有形文化財への指定が実現。取り壊しを免れることができた。

安蔵を語り継ぎ、研究を深める活動を広げ、実家の改修・保存の費用を確保するため、20年、地元の九条の会会員や、市民、研究者らが中心となって「鈴木安蔵を讃える会」を発足した。全国に４００人を超える会員がいて、志賀さんは会長を務めている。

志賀さんは言う。「平和憲法を護らなかったら、戦後、俺らが生きてきた価値はない」と。フクシマの被災地から、平和を叫ぶ元漁師がここにいる。

福島の子ども支援

水戸喜世子さん（大阪府）

子どもを被ばくから守りたい

「当事者を孤立させない」と、救援活動に半生を捧げてきた水戸さん。原発事故後、多くの被害者を支え続ける。

「初めて、そして最後になるかもしれない」講演会

原発事故で多くの人が亡くなり、そして2025年の今も避難生活を送っている。親しい人と別れ、住み慣れた地域と離れた人々が、いまだに苦難の渦中にいる。もしもその中でも確かな希望があるとするならば、この終わりの見えない苦しみや痛みを同じように感じ、寄り添っている支援者が間違いなく大勢いる、ということではないだろうか。

水戸喜世子さんは、原発事故後からずっと、福島の親子に寄り添い続けている。水戸さんの救援活動は、1960年代の反戦運動でけがを負い、えん罪に苦しむ若者たちを支援する「救援連絡センター」事務局長当時から始まり、原発事故当時に福島にいた子どもたちが被ばくせずに学ぶ権利を争う「子ども脱被ばく裁判」まで、実に半世紀以上にわたる。

24年10月26日、福島県会津若松市の日本基督教団若松栄町教会・会津放射能情報センター（P.34の片岡輝美さん、謁也さんの教会）で、「人生に乾杯！ 私の市民運動論」と題した水戸さんの講演会が開かれた。水戸さんの前には満席の40人ほどの人たち。「私、今年89歳になりました。こんなに長く生きるなんて夢にも思わなくて。（自身の体験を語るのは）これが初めて。そして最後かと思いますけれども、私だけの胸にしまっていたことを、皆さんと一緒に共有できるなん

て。とてもうれしい機会です」。そう話し始めた水戸さん。壮絶な苦しみと絶望に陥りながらも、それでも救援を続けるという強い決意と覚悟、多くの子どもたちへの深い愛情を胸に生きてきたことを伝えるものだった。この日の講演内容と、それに先駆けて21年に水戸さんにインタビューした内容を重ね、その半生をたどってみたい。

反戦と平和——活動の原点

水戸さんは1935年、愛知県名古屋市に生まれた。1歳の時、父親が日中戦争に召集され、母は乳飲み子を抱えて、針仕事で家族を支えたという。小学3年生の時に空襲で家を焼かれ、着替えもかばんもなかった水戸さんは、疎開先で「疎開もん」と言われ差別された。父親の追悼録で、仲間が殺され、そして日本軍も中国人を殺す戦地の状況を知り、双方が加害者であり被害者でもある残酷さを重く受け止める。「戦争は私だけの悲劇ではなくて、中国の人たちはもっと長い間、苦しんだ。そう思うようになったのはだいぶ経ってからです」と水戸さん。

軍国主義教育が徹底された国民学校に入学し、4年生で敗戦。新制中学で教わった新憲法と平和主義に共感する。これまでは「お国のために生きなさい」と教えられてきたのに突然、

「自分の幸せのために生きていいんだよ」と教えられた。教師が天皇陛下の命令を伝える人から、児童・生徒を尊重してくれる人へ。「私たち子どもにとっても衝撃的で感動的な瞬間でした」と回想する。ところがもっと衝撃的なことが次々に起きた。1つは教員のレッドパージ（共産党員を公職から追放する政策）だ。学校からいなくなった先生のことを聞くと「あの先生はアカだったから辞めさせられた」と。

さらに中学3年生のある朝、新聞を開くと、大見出しで朝鮮戦争始まる、と報じられていた。「今でも見出しが忘れられない。太平洋戦争が終わった時、世界から戦争はなくなると信じ込んでいたのに、また戦争をやろうだなんて」。学校まで走って行き、職員室に駆け込んで、「先生、先生は戦争は世の中からなくなるとおっしゃったでしょう? でも、どうしてまた戦争をやるんですか！ どうして!?」と涙でぐしゃぐしゃになりながら訴えた。その問いに答える教師は1人もいなかった。教師らの態度への衝撃と怒りと失望……、その時に水戸さんは悟った。「戦争は、誰かやる人がいるんだ」。そして「戦争を放棄した平和憲法を護らなきゃいけない」と。「平和運動、護憲への思いが私の中で強く芽生えていったのは、やっぱりその時だったと思うんです」と振り返る。

親を説得して「寮のある女子大なら行ってもいい」というところまで譲歩させると、数学や物理が好きだったため、54年、お茶の水女子大学の物理学部へ入学した。そこでは「都内物理科学生懇談会（都物懇《とぶっこん》）」という、社会的関心を持った物理学者を目指そうというグループに参加する。広島、長崎に投下された原爆を開発した米国の物理学者、オッペンハイマーが赤狩りに遭い追放された時期で、彼の思いや、物理学と原爆、社会主義などを学び合った。

しかし、大学3年生になると水戸さんは物理学に失望し、お茶の水女子大学に退学届を出すと、名古屋の実家に帰ってしまう。「私たちの時代は、女が大学に行くのは珍しかった。戦争でお父さんを亡くされたり、家の働き手がいないなど経済的な問題で進学できない友だちもいました。勉強が好きでも大学に行けない友だちの代わりに、私は大学に進学しているという気持ちを忘れたことはなかったので、みんなの役に立ちそうもない物理学という学問を続けることを彼女たちは許さないだろうと思いました。そして、医者なら少しは役に立てるかもと、医学部に入り直そうとしました」

パートナーとの出会いと日米安保

そのような時、都物懇の設立者の1人でもあった、東京大学の大学院生だった水戸巌《いわお》さんが名古屋にいる水戸さんのもとへ通うように。「都物懇を辞めないでほしい。一緒に物理をやろう」「医学部には解剖実習がある。君は解剖は苦手だろう」と、熱心に説得を重ねる。水戸さんはついに物理の世界に戻ることを決めて、東京理科大学の編入試験を受け、同大の物理学科3年生として再び学び始めた。自然に2人の距離も縮まり、60年3月の大学卒業と同時に結婚。都物懇の仲間の手で、当時の進歩的なカップルが取る「永遠の愛を誓わない」結婚披露が行われた。巌さんの甲南大学就職に伴って関西に移り、水戸さんも大阪大学の研究室を経て京都大学基礎物理学研究所の組織助手に採用された。

その頃、日米安保条約をめぐる国民運動が高まり、水戸さんたちは土曜日に関西から東京へ通い、反戦活動を続けた。そんな中、60年の6月、東大生の樺《かんば》美智子さんがデモ中に亡くなるという事件が。その日の夜、同じデモに参加していた水戸さんは、日比谷公園で友人たちと泣き明かし、朝、関西へ戻った。「本当に大変に悲しく衝撃的な出来事でした。この国の史上最高の闘いでしたが、やっぱり岸政権を倒したのは若い学生たちだったと思います。学生ではなかった私たちも、声なき声、無党派のデモに参加しましたが、それでも日米安保が通ってしまった。自分の頭で考えることを初めて学び、成長したのが60年安保でした」と当時を振り返る。

やがて長女、その翌年に双子の長男共生さん、次男徹さんが誕生。当時はなかなか子ども3人を預かってくれる保育所が見つからず、水戸さんは3年間、子育てに専念した。それは「人生の中で一番楽しい時期」だったという。夫の巌さんは、家事も育児もする人で、赤ちゃんが泣くとすっと立っておむつを交換したり、ミルクをあげたり。

「人が嫌がることを全部引き受けて、家では家事も育児も当たり前に進んでする人だった。登山に行けば、具合が悪くなった仲間を背負って下山し、家まで送り届けて引き返してくることもあった。そうしないではいられない、稀有な人でした」。研究所は夜中でも電気が煌々と灯り、残業が当たり前のようなところ。それでも巌さんは普通に帰宅して家族と過ごし、家事も育児もして、時間を上手に使う。そして好きなバロック音楽を聞く。人間らしい生活を送ることをとても大切にしていた。

学生運動の救援活動のかたわら反原発運動へ

64年8月、米軍がベトナム戦争に軍事的介入を始め、65年から戦況が激化した。反戦平和の学生運動はさらに盛んになり、警察との衝突も激しくなって、デモのたびにけが人や逮捕者が次々に出た。水戸さん一家は、巌さんの就職（34歳で東大原子核研究所助教授）に伴って67年には東京に戻った。その年の10月8日、佐藤栄作首相が羽田から南ベトナムへ飛ぼうとするのを阻止しようとする学生と、警察・機動隊との衝突が起きた。「羽田十・八闘争」と呼ばれる。こ

2021年、大阪の集会「樺美智子と私の60年代」で再会した水戸さん（左から3人目）、山本義隆さん（同4人目）、評論家長崎浩さん（同5人目）

の時、京都大学の学生・山崎博昭さんが警察の暴行を受けて亡くなり、その他にも多数の学生がけがをして倒れ、警察に連行・逮捕された。

一青年、一労働者として現場に行った巌さんはぼろぼろの服、そして傷だらけで明け方、自宅に帰ってきた。翌日から水戸さんは保育園の送迎で使っている軽自動車を運転して羽田空港周辺の病院を次々に回り、けがをした若者たちの治療費を払い、診断書をもらって歩いた。これらは国会の法務委員会に提出され、過剰警備の資料となった。

巌さんはその後、ベトナム反戦運動に大義があると訴え、大江健三郎ら学者、文化人数十人による「声明」を新聞に掲載。反戦運動で逮捕・負傷した若者への「救援の訴え」は大きな反響を呼んだ。研究所に隣り合った官舎の自宅が事務所となり、幼い子どもたちも手伝いで参加しながら、羽田救援会が立ち上がった。

70年代に入ると巌さんは、反原発運動にも奔走した。物理の世界では原発の危険性は自明だったが、実際に訴える専門家はほとんどなく、巌さんは嚆矢《こうし》、先駆的な存在だった。茨城県の東海村の原発建設計画に反対する住民訴訟では、住民側の専門家として資料や情報を提供しただけでなく、各専門分野の研究者を組織し、住民運動を援助した。

山岳「事故」で家族3人を失って

ところが86年の暮れ、大きな悲劇が起きる。巌さんと2人の息子が冬の剣岳で遭難したのだ。全国の反原発の仲間が結集し、捜索隊が組まれた。悪天候に阻まれ、生存救出は絶望的となった。雪解けを待って友人や京大山岳部の協力で捜索が再開、捜索隊は雪の間からスカーフの端がのぞいているのを発見した。雪深い黒部谷では発見が難しいと言われていたが、奇跡的に3人の遺体を発見することができた。

すべての葬儀を終えると、水戸さんは日本を離れた。国内はどこに行っても思い出の場所ばかり。「どこか死に場所を探しているような」バックパックの旅。各地を放浪した後にたどり着いたのは、中国の貴州《きしゅう》。そこは1日2食の貧しい地域で、子どもたちはぼろぼろの校舎で学んでいた。しかし、みな元気で、懸命に学び、1日1日を過ごしていた。水戸さんは思った。「私は何を嘆いていたんだろう」。そして、自身の中に眠る救援の魂が呼び起こされた。「私でも、何かこの子たちの役に立てるかもしれない」

帰国後、中国に小学校を作る運動に参加すると、次第に生きる気力が戻ってきた。気がつくと中国の子どもたちの救援をするという自分が、逆に子どもたちに救われていた。60歳にして、「子どもたちと話したい」と中国語を学び始め、のちに江蘇省常州市の大学で日本語の教師になった。若者との交流も始まった。

福島原発事故被災者のために

2011年3月、たまたま日本に帰国中だった水戸さんは、原発事故の様子をテレビで見て衝撃を受ける。夫と息子が亡くなった時には出なかった涙が、とめどなく流れた。わんわんと声を上げて泣き、神に祈った。「今、ここにいるべき人がいない。もしも彼がここにいたら、自分の命と引き換えても何とかするはず。どうぞ、巌を返して」。それまで受け入れられなかった3人の死。この時初めて、「3人はいない」と実感した。それは生き残った自分の役割を心に刻みつけた瞬間だった。

巌さんは太平洋戦争中、父の実家である福島県新地町《しんち》に疎開し、新地町が大好きになった。お墓も町内にある。巌さんが愛し、眠る福島県で原発事故が起きた。生前に、同町で酪農を営むいとこに原発の危険性を熱っぽく語っていた。水戸さんはメールや電話で親戚や知人・友人の安否確認を続けた。そんな中で、「巌さんが福島で講演した時の資料を探しています」というメールを受け取る。「福島の人たちの記憶の中に彼がいる。彼の存在や知識が今、本当に必要とされている」と知り、とてもうれしい気持ちになった。

3・11は、水戸さんのその後を大きく変えた。骨を埋めるつもりだった中国の拠点を引き上げ、「原発が止まるなら、もう、一文無しになってもいい」と、毎週毎週、大阪と東京を往復して、首相官邸前のデモで声を上げ、鹿児島県の川内《せんだい》原発前に連日座り込んで、再稼働阻止に取り組んだ。1年ぐらい経つと官邸前の人は減ったが、まだ文部科学省前には「子どもを被ばくさせないために疎開させせよ」と訴える福島の親たちが集まっていた。水戸さんは手作りの幟《のぼり》を掲げ、地元の大阪でビラ配りを始めた。ここでも、福島の人たち、原発事故の被災者を孤立させないために、水戸さんの新たな救援活動が始まった。

　原発事故後の水戸さんの活動の広さを私自身が体験する出来事があった。それは23年9月、韓国でノーニュークス・アジアフォーラムの大会とそれに合わせた韓国の原発の状況を知る視察ツアーに参加、福島原発事故の年の12月に原発建設予定地とされた江原道《カンウォンド》の三陟《サムチョク》を訪ねた時のことだ。現地では、地元の住民、自治体首長も一緒になって、激しい原発反対運動を展開、最終的には計画を白紙撤回させた。これを記念して現地には巨大な「原発白紙化記念碑」が建立されている。

　同じ敷地内に、一基の黒い石碑があった。ハングルの他に日本語でこう刻まれていた。「生命の息吹・平和の翼　日本反核平和活動家の水戸喜世子氏と福島青少年らはここを訪れ脱核、反戦、平和の意志を込めて記念植樹をする」。18年8月、水戸さんと福島の青少年たちが保養を兼ねて訪れ、地元の若者たちと交流したという。この時に参加した若者の中には、その後、韓国に留学する人も出てきている。

「子ども脱被ばく裁判」を支える

文科省前に集まった人々は、14年6月、国や福島県内の自治体を相手取り、「被ばくの心配のない安全な環境で子どもが教育を受ける権利」を求める行政訴訟の「子ども人権裁判」と、「子どもに無用な被ばくをさせた国の責任」を追及する国家賠償訴訟「親子裁判」を起こした。両方を総称して「子ども脱被ばく裁判」と呼ぶ。水戸さんは「子ども脱被ばく裁判の会」共同代表（会津若松市の片岡輝美さんも共同代表）となり、西日本での組織作りに奔走した。

裁判では、SPEEDI（緊急時迅速放射能影響予測ネットワークシステム）のデータ隠蔽や、安定ヨウ素剤を服用させなかったことなど、子どもたちを守ろうとしない政府や自治体を住民保護義務違反として訴えた。一番の注目点は、放射能を帯びた不溶性放射性微粒子（セシウムボール）が拡散し、福島県内の道路脇の砂粒から検出されたのを提示したことと、その危険性を取り上げたことだ。それは一度体内に取り込まれると体内に留まり、排出されず、臓器に影響を与える。研究者の河野益近さんの実証データを交えて指摘した。

21年3月1日には福島地裁で、23年12月には仙台高裁で原告住民側敗訴の判決となり、最高裁へ上告したが、24年11月に棄却が決定した。原告住民や弁護団が求める「避難の権利」「無用な被ばくを受けない権利」「被ばくに関する自己決定権」について最高裁は、内容審理に踏み込まずに訴えを退けた。水戸さんはSNSで判決への抗議と、子どもの未来を守る闘いを続けることを宣言した。片岡さんは、「これからも後に続いていきたい」と話す。

「風評被害」への異議——あきらめない

今、水戸さんは、国や電力会社、行政が「風評被害」という言葉で市民の言論を封殺しようとしているのでは、と懸念する。18年8月、福島原発の汚染水海洋投棄を議論する経産省の公聴会が郡山市で開かれた。水戸さんは意見発表人として出席、主催者側が会の冒頭で使った「風評被害」という言葉を、「放射能に対する不安や議論を封じ込める言葉だ」と指摘した。

「60、70年代は、頑張れば変えられる、という希望をみんなが持っていました。あの頃と比べると、今の方が状況が悪くなっている気がします。でも、救援活動でつながれるんだという確信は、今も希望として持っています。そして、『風評被害』だと言われ、沈黙を強いられている世界の被ばく者を救援するには、原発を始め核廃絶しかありません」。そう語る水戸さん。

決してあきらめることのない救援活動は今日も続いている。

対談

未知を生きる
原発を抱えた国で

藍原寛子

髙村 薫

世界を震撼させた福島第一原発の事故の記憶は、
誰も先を見通すことのできない、この時代の足場です。
1991年に小説『神の火』で原発の脆さを描き、
阪神・淡路大震災を転機とした髙村薫さん、
フクシマを伝え続ける藍原寛子さんが語る、
東日本大震災から5年。

（『婦人之友』2016年に掲載）
＊表記は掲載時のまま

たかむら・かおる（作家）
1953年、大阪市生まれ。『マークスの山』で直木賞。著書に『神の火』『レディ・ジョーカー』『晴子情歌』『新リア王』など。近刊に『空海』。

追いつかない言葉

藍原　私は福島市で生まれ育ち、地元の新聞社の記者を経て、東日本大震災当時は国会議員の公設秘書として、国会の中にいました。震災前に何度か原発の内部に入って取材もしていたので、原発の爆発によって封じられていたことがいっぺんに外に出てきた、これは大変なことになると感じました。それで4月に退職して現地に入り、浜通りの避難所を回ってボランティアを。その後はフリーランスでジャーナリストをしています。

5年経ちましたが、本当にこれからだなと思います。「帰還」ということが言われるようになりましたが、そういう話ではない。課題は山積。原発事故が起きるとはどういうことなのかを、まさに今、体験しているのだと思います。

髙村　封じられていたものが、みな外に出てきたというのは、具体的にはどういうことですか。

藍原　3月11日の午後は、ちょうど参議院の決算委員会が行われていて、その最中に震災が起きたのです。議員はみな凍りつきましたが、すぐ震災対応に切り替わると、災害を自分に利するように使おうとする動きも出て。

一方、現地の家族や友だちは何が起きているのか分からず右往左往し、震災が直撃しなかったところでは、われ先に食料や生活必需品の確保に走る人たちが。人間の欲は、こういう時にむき出しにな

上／福島県飯舘村の農地に置かれた、除染廃棄物が入った黒いフレキシブルコンテナバッグ。美しい「までい」（両手で大切に）の村づくり、を目指していた飯舘村は、福島第一原発の爆発事故により、原発から40 キロほど離れているにもかかわらず、放射能汚染の高い「ホットスポット」となり、全村避難。住民は今も各地に離れて住むことを余儀なくされている
下／いまだに震災当時の津波被害の様子を残す、相馬市松川浦近くの公園
（いずれも2015年10月／筆者撮影）

るということを感じました。とにかく何が起こっているのか話を聞こうと、被災地に入ったのです。

髙村　私は１９９５年の阪神・淡路大震災を身近で経験しました。それは、自分が生きてきた人生が根こそぎひっくり返るような経験で、自分の発した言葉が伝わらないという初めての経験でした。それまでは、言葉というものは発すればどこかに伝わると思っていたのですが、震災後は、そんなに単純ではないと考えるようになりました。そして、これは一体どういうことだろうかと考え続けているうちに、東日本大震災が起こったのですね。

東日本大震災の被災地は、私の住む大阪から８００キロも離れていて、自分が津波に流されたわけでもないですから、どんなに映像を見ても、自分の言葉が追いつくさらに先に実体験がある。自分はどこまでこの事態を理解しているのか、どこまで理解できるのだろうかとモヤモヤしているうちに、福島の原発事故が起こって。その時は本当に言葉を失いました。

関西は日本海側に原発銀座があります。しょっちゅう細かい事故は起こってきたし、もんじゅの事故もあり、原発は決して国や事業者が言うほど完璧ではないと、何となく感じていたのですが、実際に事故が起きてみると、ここまでお粗末な管理体制だったのかと驚きました。

その先に、逃げなければならなかった福島の人たちがいるわけです。原発事故によって、実際にそこに住んでいる人々が経験させられたことについては、どこまで自分の言葉が追いつくだろうかという疑問がまた残りました。

「神から盗んだ火」

藍原　ここは10マイクロシーベルトだから危険、1マイクロシーベルトだったら安全というのは、生活者にとっては、実体験の伴わない基準です。それを「科学者の世界ではこう言われている」と数字で押しつけてくることには、暴力的なものを感じます。科学技術と生活の間に大きなギャップがある。

髙村さんが、原発を扱った長編小説『神の火』を書かれたのは1991年でしたね。原子力を「人間が神から盗んだ火」として、ギリシア神話のプロメテウスの逸話を下敷きに、原子力発電所を襲撃する「トロイ計画」……。今読み返すと、その先見性に改めて驚きます。それまで原発を取り上げた小説はほとんどなく、み

2014年3月、福島県浪江町を訪れ、手つかずの荒れ地に設けられた慰霊台の前に立つ髙村さん
写真提供／共同通信社

んながどっぷり安全神話につかっていた時代にテーマにされたのは、どんな理由からだったのでしょうか。

高村　明快な理由があります。1986年にチェルノブイリ原発の事故が起こった時、世界中が驚きました。その時に日本の技術者が、「日本の原発は仕組みが違うから、ああいうことは絶対に起こらない」と言ったことを、私はそうかと思って信じていたのです。ところが90年に湾岸戦争が起きて、アメリカ軍の地下貫通型爆弾が、サダム・フセインの隠れている砂漠の地下壕に落ちた。天井のコンクリートの厚さが5メートルある地下壕を貫通するような爆弾が実際に落とされたというニュースを見て、「うーん」と思ったんですね。

私は関西の人間ですから、小さい頃から原発を目にしてきました。若狭湾の海水浴場で美浜原発を遠くに見たり、高浜原発の丸いドームを見たり。格納容器であるあのドームの厚さは薄いところで1メートルもないはず。それでふっと、「これ、爆弾が落ちたらひとたまりもないな」と。当時は朝鮮半島が不安定でしたから、「ミサイルが飛んできたら一発だな」と初めて考えたんです。

地震、人為的なミス、あるいは戦争などいろいろな原因で、この格納容器はひとたまりもなく壊れる。すると中の原子炉も、おそらく無事ではいられない。これはまずいだろう、と思ったのです。

それでも私は科学技術そのものへの愛着は、東日本大震災を体験するまではありました。

藍原　それは信頼に近いものなのですか。

高村　原子力は人類を幸福にする、科学技術は人類を幸せにするものであるという世代の生まれですから、科学技術を否定する頭はなかったのですね。否定はしないけれど、日本各地の原発施設を見れば危ないですよ、というところ止まりの話でした。今も科学技術を否定はしませんが、津波で非常用電源が全て失われるような設計をするなんて、日本の技術者はひどすぎる。「想定外」の事態が起こったというより、不確実性への想像力や、科学技術を扱うモラルが「問題外」に欠けていました。

藍原　震災前から、研究者や市民からそういう警告はあったのに、耳を貸さなかった。そして、事故後も検証をしていません。やはり原発という高度技術と人間の生活に乖離がある。技術者は、自分たちだけが科学技術を支配しているような奢りがあったのでしょうか。

高村　科学技術者ですから、支配できるとは思っていないでしょう。でも、万一の場合という想像をしなかった。科学者というのは、新しい技術、可能性や応用、こんなことができるという進歩のほうには目が向くけれど、万が一というブレーキをかけるようなことには目が行かない。

「検査漏れ」とか「報告漏れ」がときどき問題になりますが、技術者に言わせると「科学技術的に見て、検査の必要がなかったからしなかった」と。素人には理解できないだろうけれど、いらないんだという言い方です。

藍原　事故後半年ぐらいして、誰も最悪のシナリオを持っていなかったことが判ってきました。後日、国会の事故調査委員会の報告など読んでみると、やはり当時は事態がどこまで行くか先を見通せないでいたのですね。

高村　汚染水を止めることすらできないのです。事故の後始末もできないようなレベルの原発を、動かすべきではない。今言っている再稼働の「世界一厳しい基準」とは、堤防の高さを何メートルにしたとかという話でしょ。火山が噴火すれば、火山灰が飛んで停電が起き、電源がなくなる。堤防の話ではないのですよ。

藍原　リスクに対する全体像が見えていない。人々の命に影響を与えるということを、まるで考えていませんね。

続く〃事故後〃の現実

高村　長い間国策であった原発を捨てる、あるいは変換する、それを止めるという決断の根拠となるものは、やはり福島の悲劇だと思います。

藍原　それを時代の転換点にできたのに、そうならなかった。人々の声を聞くと、いろいろ考えて取り組んでいるのに、原発をどうするかという国民的な議論にすらなっていません。再稼働が当たり前のような流れの中、東京オリンピックで大量生産・大量消費の時代がまた繰り返されようとしていますね。楽しいイベントの中で、悲劇というのは重たくて暗くて、忘れ去られて行くのが目に見えています。これだけ大変なことを、スタートラインにできていないのは、やはり悔しいです。

髙村　福島県の土地の何割かは人の住めないところになってしまった。こんな事実さえ、私たち日本人の共通認識になっていないのですね。そういう土地を、これからも作るのか。20年前に『神の火』を書いた時、私の頭の中から抜け落ちていたのは、何かが起きた時に、例えば福島のように土地を追われて避難せざるを得ない人たちがこれだけの数いるということです。
　私の頭で考えたことと、現実の事故の悲惨さは比べることもできない。スリーマイル島の事故からの年月があったにもかかわらず、この日本で、核燃料のメルトダウンという事故を実際に起こした。これは想像を超えていました。

藍原　実際、そこにいた子どもたちの将来や希望や……多くのものが失われました。地元の人も地震が起きるたびに、原発は大丈夫かと心配してしまう。その地域で生きている人たちにすれば、いまだに脅威です。

髙村　藍原さんが婦人之友に書かれた「福島のいま」を拝見して、何年か経ったら被災者の方たちの事態が回復できるのではなく、おそらくよその土地に移っても、縮めることができないような格差が生じて、特に子どもたちはそれをずっと抱えて生きていかなければならないのかと思いました。

藍原　避難された方々に聞くと、例えば福島から仙台の動物園に子どもを連れて行っていたら車を傷つけられたり、避難先で「まだ帰らないの」と言われたり。自主避難で二重生活になると、経済的にも沈んで、貧困の前線に立ってしまいます。ただ同時に、日本中に差別されている方がいることに気づく。京都に避難して在日や被差別部落問題に気づくなど、自分たちの社会の断面を発見し、地域の中で支援活動に向かう人もいる。原発事故で格差がより広がり、見えやすくなった部分があるけれど、それが共有されていかないもどかしさがあります。

髙村　それは阪神・淡路大震災でも痛烈に感じました。しばらく避難して戻った被災者が直面したのは二重ローンです。人生の一時期にそういう負担を抱えることは、格差につながっていく。家族を失うという精神的な負担も、本来ならばしなくていい苦労ですし。

被災者という不条理を抱えて生きていかなければならないのに、それを埋め合わせるものがない。決して平等ではないのが人間の社会の常ですが、その中に被災者や避難民が埋もれて行ってしまう。その現実に対して、福島の外の世界にいる私たちが言葉を持つ必要があると思います。

個人の記憶と集合の記憶をつなぐ

藍原　福島県の中だけでは考えきれないので、髙村さんのような外からの視点が、福島の人をとても勇気づけ、パワフルにしてくれるところがあります。
私もできるだけいろいろな人とつながっていく道筋を、物を書くことでつけていきたい。その1つが、全国に自主避難された方々です。自分の住むところと切り離されて散らばると、福島に対する思いがより熟成されるようで、自分の言葉で自分の体験を語り出しておられるので。今はまだ点ですが、その点を面にと思って書いています。
家族全員が亡くなり、1人だけ生き残ったおばあちゃんが、泣きながら息子が好きだったものを思い出して話している……。それを、おばあちゃんがこう言っていたと引用することが、本当に伝えることになっているのだろうか。事実が先を行っていて、それに言葉がだんだん追いついていく。震災はいきなりドーンと起きるので、事実と言葉が乖離したり急に接近したりの振幅が激しくて。言葉の力を感じると同時に、難しさを感じました。
髙村　伝えるということには、やはりそれなりの意義があります。私は物書きをしていてよく思うのですが、当事者は必ずしも十分な言葉を持っているとは限らない。観察者は実体験を持っていないのにどこまで書けるかという疑問はあるけれど、実際にある出来事を言葉にして伝えていくのは、往々にして第三者、観察者の役目でしょう。ジャーナリストや研究者、あるいはフィールドワークをしている人たちの言葉は、いろいろな形で、さまざまな場で、東日本大震災や阪神・淡路大震災とはこういうものであったという形にしていく、重要な役目を果たしてきたのは、間違いないことだと思います。

例えば、藍原さんの婦人之友の連載によって、3年後、4年後の福島はこうだということを、遠くに住む私も知るわけです。問題は、受け手の私たちがそれをどう生かしていくか——これが非常に難しいですね。

阪神間でも東北でも、大惨事を体験した個人の言葉が山のようにあるはずです。でも震災というのは、決して個人の言葉だけでは将来に伝わっていかない。大きな出来事を10年、20年、30年先に伝えていくためには、個々人の記憶ではなく、集合の記憶にならなくてはならないと思います。集合の記憶とは、言い換えれば共同体の記憶、国民の記憶です。個人の記憶を寄せ集めたら、自動的に集合の記憶になるわけでもない。それを語るべき者が、「これが集合の物語です」という形で語り下ろさないと。それができた時に初めて、個々人の記憶が包み込まれるというか、居場所を見つけられる。

では、それを誰が語るかですが、共同体の責任者、今だったら政治家だと思います。今の日本で一番欠けているのは、個人の物語と集合の物語がうまくつながっていないこと。本来、国民の物語を語るべき政治が、全くその役割を果たしていない。だから、個々人の記憶が行き場もないまま宙ぶらりんになっている状態なのだと思います。それはやがて埋もれて行き、やがてバラバラになり、拾い集めるのも大変になってしまう。見る人は見るけど見ない人は見ない、震災を経験していない人には遠い話になってしまうでしょう。私が一番危惧するところです。

藍原　放射能が拡散した時、みんなそれぞれに行動して、自分の思いや、行動を語っていました。ここでこういう人の話を聞いたと言うと、「実は私も」と。知恵や言葉や体験がつながっていくような感覚がありました。

それに対して政治は、個人が線量計を持って自分で放射能を測っていること1つに対しても、今なおはっきり対応していません。なぜこんなに政治と生活がつながらないのかという、もどかしさがあります。市民の間でも、そういうジレンマが諦めに変わっていっています。

政治は霞が関や永田町で国会議員や官僚がしていることだと思われがちですが、スーパーで何を買うかとか、今日はどう過ごすかも、ある意味では政治の一環ですよね。家で電気のスイッチ1つつけても、これは原発とつながっていると思えば、政治とリンクしてくる。そういう体験や認識が、長期的に政治を考えることになると思います。

生活者が大事だと思うことを政策に反映させたり、法律に反映させるには、本当に信頼できる、尊敬できる政治家が生まれてくることが必須です。今年、選挙権が18歳まで広がって、有権者が増えますし、まっとうな政治が本当に必要とされていますね。

髙村　政治が必要とされていない時代はないですよ。

放り出された〃今〃

髙村　藍原さんは、震災後の状況の中で、「棄民」が「起民」、つまり起こす民に変わる、と書いていますね。その1つとして、カルチャーサークルのような動きが現地で細々と、しかしいろいろな場で起きていると。

実は昨年の3月11日に私は、浜通りを南相馬から飯舘、浪江、双葉町と行ったんですよ。現地に立った時、政治家はこれを見ていないなと思いました。あの土地にまともな人が立てば、この国で原発を動かそうだなんて思うはずがない。でも、現実には再稼働の動きが進んでいますでしょ。私は外の人間ですから、外からポッと行って、何のしがらみもなく眺めて抱いた感想なのですが、ここに何年かして人が戻ってきて、元の暮らしが再生されるとは想像できませんでした。そして何とかその土地へ戻って、元の生活を取り戻そうとしている人々の思いが裏切られるのではないかという気がしてなりません。一生懸命に頑張っている人々の頑張りが生きるような状況に見えない。

その人々が、自分たちの土地を追われて、全てを奪われた時、それ以外のところに住んでいる私たち日本人は、もうそれが悲劇だということにすら思いが至らないぐらい、忘却の彼方になっているのではないかと、恐ろしかったです。つまり、忘れるかもしれない自分が怖かった。

藍原　私が一番憤っているのも、そこなんですね。戻ることも復興も、みんな真面目に何とかしようとしています。前の生活を取り戻そう、そこに向けて頑張ろうという目標が作られて邁進しているわけですが、客観的に見ると、もう前と同じようにはならない。例えば、除染した畑を耕して、ようやく収穫物を手にしても、生産者が叩かれたりを、何回も繰り返しているわけです。

高村　それが幻想の物語だったとしても、すがらなければ生きていけないから、そうなっているのではないでしょうか。結局のところ、それも私たちの責任です。私は福島というのは、日本の戦後70年の中で考えられる限り最低の悲劇だと思います。土地を追われた人たちは、もっと怒るべき、怒《いか》るべきです。こんなに酷い言語道断のことが起きていいのか、と。

藍原　全国に自主避難している方にお話を聞くと、外に出てみたら、いかに福島の状態が普通じゃないか、危険だったかを改めて実感したと。「福島にいるうちは被害者になれなかった。外に出て初めて被害者になれた」と言うのですね。

県内で、子どもを外に出さないとか、食べ物に細かく注意することが普通になり始めた時に、県外に保養に行ったら、それがどんなに異常だったかに気づいたというお母さんも。新幹線で東京まで1時間半、インターネットもあり情報もあふれているのに、福島の問題が共有されないのは、つなぐ橋が足りないということでしょうか。

髙村　新聞社も、なぜ？と思うほど、原発のことに対しては保守的と言うか、マイナスの情報が外に出ないように、ガチッと固まっている感じがします。

藍原　もう20年前になりますか、地元の新聞社に勤めていた頃、福島県内の原発で軽微な事故が多発した時期があり、新聞社や通信社などメディアの人たちで各社の対応について情報交換したんですね。すると全国紙にはだいたい、事故の際にどう取材するかのマニュアルがあった。

ある社は、「東電や国がよしとするボーダーラインぎりぎりまで行け」と。また、ある社は「離れられるだけ離れろ」と、安全への認識がばらばら。私が勤めていた新聞社は独自のマニュアルがなかったのですが、メディアの中にも原発の安全神話がとても巧みに入り込んでいると感じました。

しかも、マニュアルの作成や、どう取材するかまで、東電や国に聞いていた。利害が対立しているため、もっと厳しい目で見ないといけないのに、メディアも一蓮托生の形になっていた。メディアが情報をブロックしているということは、日本特有かもしれません。

髙村　人が住まない所は、原野に帰っていくだろうと思います。その時に、集合の記憶、国民の物語ができていないと、本当になかったことになってしまう。だから、私たちが今問われているのは、福島で起きたことを、いかにして私たちの物語にできるか。そういう物語を語れるような政治を持てるかどうかです。

藍原　正直、私はちょっと悲観的です。そういう政治が持てるような働きかけにおいて、自分は何ができるのか考えてしまいます。

髙村　そうなんですよね……。私も、自分の言葉が届かないという認識を含めて、難しいなあと思っているのです。その難しさには、もう1つねじれた奥がある。戦前がそうであったように、国民の物語が恣意的に作られた時、多くの人がそれに乗せられて、少数派の声は抹殺されていきました。そういう恐ろしさもある。

そして戦後、新しい物語が語られるかと思いきや、そうはならなかった。300万人が亡くなっても、です。広島や長崎で何十万もの人が一瞬にして亡くなった原爆に遭っても、それが広島と長崎だけの物語に留まっている。それを国民の物語に、集合の記憶にしなかったのは、政治の責任です。

でも、その政治を作ってきたのは私たち、そういう政治しか持てなかった。広島、長崎、あるいは福島という分断された人々の物語の間で、本当は自分たちの来し方を振り返り、大きく改まらないといけないと思います。システムの是非を問うこともなく、そこで思考を停止してしまい、思考が社会に向かって開かれずに現状の中で閉じてしまうと、残るのは気分と感情を喚起する言動だけです。感情は自らを検証しません。それ故、今が「今」のまま放り出されているのですね。

1つ間違えれば難しいけれど、それなくしてこの出来事は残らない。私たちは時に個人になり、時に日本人になりの中で、バランスをとっていく必要があります。個人でなくなっては困る。でも震災に関しては、私たちの記憶にもならないと、と阪神・淡路大震災で何度も思いました。

新しい地平へ

藍原　現場では、みんないろんな形で語っています。悩み、苦しみ、喜び、葛藤……まさに教訓だらけです。こんなことは二度と起こしてはいけない、もうやめよう、もう脱したいと思っている。でもまた、懲りもせずに繰り返している部分もあって。日本人は忘れやすいと言うけれど、どのあたりにそれを記憶し、刻みつけていくことができるのか。言葉が人々に力をくれると信じたいです。

髙村さんの作品を読ませていただくと、フィクションでしか描けない真実があると感じます。この先、どのようなテーマをお考えですか？

髙村　私は阪神と東日本の2つの震災を体験して、世界を見る目が変わりました。東日本大震災が起きた頃、自分が若い頃には想像もしていなかったことを考えているなと気づいたのですね。それは、生きているもの——草から花から小さな虫から、もちろん人間もそうですが——生きているものの命がとても大切に思えて。当たり前のことなのですけど。

だいたい物書きなんていうのは、世の中を悲観している人間しかなれません。ハッピーでしょうがない人は、ならない。そんな人間が、ハッと気づくと、生きているというだけですばらしいじゃないかという人間に変わっていたのです。それはやはり、たくさんの不条理な死があるということを知ったからだと思います。阪神・淡路大震災の6400人、そして東日本大震災の1万6000人弱、それだけの方が亡くなる時代に、命の尊さを思わないほうがおかしいですよね。
書くものも変わってきて、この2年ほど『土の記』という、米づくりをする男の話を書いています。そんなことに自分の目が向くとは思いもしませんでしたが、今は土に向き合う人間を書いていることが楽しい。原発から米づくりへ、この変化（笑）。

藍原　それは直結しています。最も汚染されたのは土地、人間は土から命をもらっていますから。

髙村　20年、30年では変わらなくとも、私たちは原発をはじめとする進歩や発展という近代の欲望や、欲望の消費から少し身を引いて、ゆっくり考えたい。1人ひとりが足下を見つめて、人が生きるための新しい地平へ、と思います。

ジャーナリスト
大越章子さん（いわき市）

いわきの言論空間を豊かに

福島第一原発の南、30〜80キロ。県内で最も人口の多いいわき市で、たった2人で月2回つくる「日々の新聞」に込めるもの――。

記者として仕事を始めるまで

（2021年『婦人之友』掲載）

「日々の新聞」創刊者の1人で記者の大越章子《おおこしあきこ》さんは、前職も合わせると記者歴約30年。地元いわき市で暮らしながら、震災後も福島県浜通りを中心に、地震や津波、原発事故の影響を含め、地域の出来事を丁寧に伝え続けている。

「記者になったのは、成り行きというのか……」と言って、大越さんは「ふふふっ」と笑う。

1964年北茨城市に生まれ、いわき市の小中学校、磐城女子高校を卒業。浪人生活を経て、臨床検査技師を養成する東北大学医療技術短期大学部（現・東北大学医学部）に入学。セツルメント・サークルで療護施設の筋ジストロフィーの子どもたちに勉強を教えたり遊んだりした。

一方で、医療の道に進むのは違うのではないかという思いが拭えないまま卒業後、帰郷して市役所でアルバイトを始めた。やがて、地元の夕刊紙「いわき民報」の安竜昌弘《ありゅう》記者（のちに、大越さんと「日々の新聞」を共同設立。現「日々の新聞」編集人）から声をかけられて90年、同社に就職、記者になった。

実は20歳の頃、「新聞記者っていい仕事だな」と思う体験があった。福島県立医大2年生で山岳部だった従兄の大越浩さん（享年21）が、85年2月、1人で福島市の吾妻山に山スキーに

「日々の新聞」の紙面。日比野さんの題字と1面記事、写真が目を引く

行き、倒れて亡くなっているのが発見された。当初、死因は「疲労による凍死」と報じられた。ところが、登山計画も堅実で無理がなく、体調も装備も万全。友人や指導教官も保証する体力なのになぜと、誰もが信じたくない、信じられない死だった。

大越さんが大学共通一次試験を受ける時に、差し入れを持ってきてくれた優しい従兄の死。その後、解剖で、幼児期にリウマチ熱と診断された浩さんは、実は川崎病で、その後遺症の若年性心筋梗塞のために突然死したことが判明した。朝日新聞は一般にはあまり知られていない川崎病とその後遺症について詳報し、周囲から慕われていた浩さんの素顔を丁寧な表現で紹介した。それはまるで従兄の追悼記事のようだった。

そして大越さんは新聞記者になった。「毎日いろんな人に会えて、いろんなところに行けて、しかも自分の文章で伝えられる。こんなに楽しいことはない」と充実した毎日を過ごした。同社での12年間には、いわき市の中核市移行や骨髄バンク運動などさまざまな出来事、事故を取材した。中でも、同僚記者と取り組んだいわき市立総合磐城共立病院の医療現場の連載は、大きな反響を呼んだ。医療を学んだ大越さんの本領発揮だ。「多くの市民が必要としている重要な医療の砦となる磐城共立病院にエールを送り、市民や患者の目から捉えた医療を伝え、考えてもらいたかった」と話す。

「日々の新聞」創刊

バブル経済を過ぎた2000年頃、いわき民報の編集方針は、小さな記事を多数掲載する方向へと変わっていった。自身もこれからどう生きていくかを考え、人々に知ってほしいことを伝えたいと考え始めていた。

米国同時多発テロが起きた4日後の01年9月15日、アーティスト日比野克彦さんの画業20年巡回展がいわき市立美術館で開幕した。大越さんは市民ボランティアの1人として、1回限りの「日々の新聞」の発行に協力。新聞題字は日比野さんの手によるもので、テロを題材にした日比野さんの作品や創作の様子、家族のこと、日常の生活などが収録された。この活動が新しい1歩へと背中を押してくれ、大越さんは02年6月に退社。安竜さんも同7月に退社し、ともに新しい新聞社を立ち上げることを決意した。

さあ、どんな新聞にしようか――。その時、詩人・長田弘（福島市出身）の『散歩する精神』にある、アメリカの小さな新聞社の発行編集人になった作家・シャーウッド・アンダスンの物語の1節が浮かんだ。

〝赤ん坊が生まれる。誰かが死ぬ。何も変わらない日々だけがのこる。だが、ありふれてみえる町の日々の一つ一つには、人がそこで生きている無言の物語が籠められている。語られることのないそれらの物語を語ることができなくてはならない。平凡な日常を生きている人びとの日々の色、匂い、感覚をとらえるのだ。それがじぶんの仕事だ。そうアンダスンは考えていた〟

（「アンダスンと猫」より）

紙面レイアウトはニューヨークタイムズを参考にし、新聞名は思案の末、「日々の新聞」。こうして03年3月、隔週で「日々の新聞」が船出した。

2月の創刊準備号には広瀬隆さん、創刊号では当時参議院議員だったいわき市出身の中村敦夫さん、南相馬市出身のハリー・ポッターシリーズ翻訳者松岡佑子さんのインタビューが掲載された。日比野さんの月1回のエッセイは創刊以来、継続している。地元の人々のロングインタビュー、歴史や出来事の現場のルポ。季節を巡るエッセイ、読者オンブズマンの「紙面を読んで」もある。

震災前の取材で、特に大越さんの印象に残るのが、芥川賞作家古山高麗雄《こまお》の『真吾の恋人』のモデルになった女性、安井トクさん（当時86歳）のインタビューだ。その存在を突き止め、腰を据えてじっくりと聞いた。人生も終盤に入り、「迷惑にならないように生きている」と遊郭や従軍慰安婦としての体験を話す、激動の明治・大正・昭和・平成の「女の一生」。人生の深淵を問う硬派なライフヒストリーは、05年の第50号、07年の第100号で特集した。その後も地道な取材活動が続いた。

震災後の避難、再開へ

11年3月10日に3月15日号の原稿を印刷所に送った翌11日、東日本大震災と原発事故が起きた。大越さんは直後から原発に詳しい人に会って話を聞いた。また、99年の東海村のJCO事故後、いわき市は独自に安定ヨウ素剤の備蓄を始めたことを知っていたため、市長にその配布を進言しようと走り回った。友人や知人などから「何が起きるか分からないから避難した方がいい」という電話は震災当日からあった。新聞は震災の影響で印刷できず、会社は一旦休止。大越さんは、「合併しない町宣言」以来、毎年取材して地の利があった福島県矢祭町《やまつりまち》の温泉施設や栃木県那須町のコテージへ家族と避難する。

3月27日に戻り、28日から市北部の久之浜地区から海岸沿いを南に下りつつ、取材を始めた。薄磯《うすいそ》海岸の切通しから津波のあった海岸方向を見ると、人々の姿があった。「花を手向ける人、誰かを探している人、がれきを片づけている人の姿があった。カメラを構えても涙が自然に流れてきて、風景がゆがんで、写真が撮れなかった。やっと撮ったのがこの1枚」。プーさんのぬいぐるみが、がれきの中で少しうつむいていた。

「震災後、テレビやネットを見て被害状況を書き留めた。そこに感じる肌ざわりと、情報である言葉とのずれ。『ただちに健康に影響はありません』といった、情報にもならない『言葉』は、それ自体の信頼を失墜させ、言葉の無力を感じさせました」

脱力感の中、「朝日新聞」のあさのあつこさんの文章が目にとまった。

ブックレット『このいちねん』（中央）には、津波で亡くなった鈴木姫花さんの記事も収録

「言葉の力が試されている。おまえはどんな言葉を今、発するのだとこれほど厳しく鋭く問われている時はないのではないか。（中略）けれど、まもなく本物の言葉が必要となってくる。（中略）どういう言葉で3月11日以降を語っているのか、語り続けられるのか。ただの悲劇や感動話や健気《けなげ》な物語に貶《おとし》めてはいけない。ましてや過去のものとして忘れ去ってはならない。剥き出しになったものと対峙し、言葉を綴り続ける。」

（「試される言葉・問われる私」
朝日新聞　11年3月29日）

あさのさんの文章に励まされ、自ら背中を押すように取材を続けた。

震災直後のフロント記事の見出しは、「避難先から戻ってきていいの」「洗濯物を外に干していいの」と取材中に何度も尋ねられた、その声そのままに「早く、洗濯物を外に干せるようになるといい」。プーさんの写真も添えて。

その後も大越さんと安竜さんは、津波で亡くなった鈴木姫花さんの取材や、放射線衛生学者の木村真三さんの測定同行ルポなどを継続して報道した。

取材者と生活者の視点で

21年4月13日、政府は福島第一原発の汚染水（ALPS処理水）の海洋投棄を決定した。海の汚染と汚染水問題、健康への影響についても取材を続けており、地元の福島県漁連会長野崎哲さんへのインタビューは数え切れず、北海道がんセンター名誉院長西尾正道医師の健康影響に関するいわきでの講演録も収めた。

「自分の中での『取材者』と『生活者』の距離が、震災後はより接近してきた」と言う大越さん。その両者の視点から、「なぜ原発事故が起きてしまったのか」をいつも念頭に置き、人々の不安と「知りたい」に応え続ける。11年から13年までの紙面で、どうしても読んでほしい記事は、3冊のブックレットに収録した（p.121の写真）。

「〝身土不二《しんどふじ》〟（その地域の人は、その土地で採れたものを食べるのがよい）のように、地域、地域でその土地に根差したジャーナリズムがあるのがいい。ジャーナリズムというほど大げさなものじゃなくても、考えていること、話したいことを共有できるような紙面。これからもその声を取材し、代弁し、伝えていきたい」と、穏やかな表情で大越さんは語った。

長年の愛読者の1人、いわき市の斎藤恵美子さん（66）は、「月2回、ポストに届くのが楽しみ。私の日常生活の一部です」と言う。「ここで暮らすのは震災から10年経っても大変です。お互いの意見が対立する出来事が起きて、心が2つに割けるような気持ちになる時も。そんな時、近くの美容院やコーヒー豆店で日々の新聞の記事について話すのも、ホッとできるひと時です」

ここにも「日々の新聞」を待ち焦がれる人がいた。

戦争被害の語り部
前田邦輝さん（石川町）

国産原爆のウラン採掘を伝える

阿武隈川東岸の石川町でかつて、国産の原爆のためのウラン採掘が行われた。最前線に立っていた、当時の中学生は今、戦争のない社会と平和の尊さを語り続ける。

貴重な石を見つける「石掘り」

（2021年『婦人之友』掲載）

福島県中通りを南北に走る阿武隈山地の南西部に位置する石川町。阿武隈川東岸の平坦な地域と高原の山々に囲まれたこの町で、1945年に国産原爆のためにウラン採掘が行われた。スコップやモッコなどで採掘の最前線に立っていたのは、私立石川中学校の生徒だった前田邦《くに》輝《てる》さん（91）ら地元の少年たちだった。

2011年3月の東日本大震災後、「広島・長崎の原爆」と「核の平和利用としての原発」が、ともに地続きであることに関心を持った人々やメディアが、この町でのウラン採掘の歴史に再び注目。前田さんは、まさに「生き証人」として、戦争体験を伝えている。

「町には戦後、稀元素鉱物、今でいうレアアースでひとやま儲けようとした『山師』がたくさん入ってきたから、あちこちに鉱山跡や採掘跡がある。でも、実際に戦時中にウラン鉱掘りをした場所で、私が知っているのは5カ所だね」

90歳を超えたとは思えない張りのある声で話す前田さんの言葉に、思わず「えっ」と声が出た。「5カ所もあるんですか？」

前田さんは続ける。「一緒に〝石掘り〟をした同級生もみんな年でね。その場所を実際に案内できるのは、私ぐらいになってしまった。亡くなった人もいるし、場所を忘れたり、介護を受けたりという人も多くなっちゃって。じゃあ、これから、案内しましょう」

私の車の助手席に乗ってもらい、前田さんの家から10分ほどで最初に着いた場所は、前田さんの実家だった。車から降りると、細い舗装道路を横切り、水田の間の道を低い丘の方へ、すたすたと歩いて行く。「もっとこの道は細かった。こんな風に舗装もされてなくて……」

100メートルほど歩いた先で、足が止まった。雑草に覆われた、暗くて深い茂みの林の先を指さした。「そうそう、この辺り、この先だな」。林が深すぎて、中に分け入っていくことはできない。ウラン鉱の名残となるような跡も見えない。それでも、前田さんの視線と指先は、茂みの向こうを指して止まっている。

「私らは、この先で、掘っていたんだ」

前田さんらが学徒勤労動員として「石掘り」と「沢田（地区）の飛行場建設」をしたのは、45年4月から。あの「石掘り」が、原爆の原料となるウラン鉱石を含むことが期待された鉱床の採掘だったことを知ったのは、時代が後になってからだった。

従事した石掘りは、「何か貴重な石を見つける作業だったが、実際に子どもだった私らがやったことは、山の砂をかき分けた程度のようなこと。わら草履で作業した」。特別な装備も、説明もなく、命じられるまま、露天掘りで斜面の石を掘り出したという。

学徒勤労動員された76年前を思い出し、平和を語る

中学生が学徒勤労動員に

1930年5月、石川町の中心部から4キロほど離れた新屋敷地区の農家の次男として、前田さんは生まれた。低い里山や丘で囲まれ、小川や水田もある静かなこの場所を、広い自然の遊び場に、走り回って遊んだ。

地元の石川小学校を卒業した後、12歳で町の中心部にある私立の石川中学校（旧制中学。16歳までの男子が通学）へ。当時、福島県内の旧制中学は大きな市に1、2校程度で、石川中学校には、石川郡内だけでなく、郡山市や白河市、遠くは茨城県からも生徒が集まり、汽車で通ったり、近隣に下宿したりしていた。

戦況が激しくなると、中学生も学徒勤労動員で駆り出された。先輩たちは関東地域の軍事工場に派遣され、地元に残った前田さんら3年生は石掘り（ウラン採掘）と飛行場造りに従事した。

日本の原爆開発　仁科研究

なぜ石川町で、ウラン採掘が行われたのだろうか？

この8月から全国ロードショーが始まった話題の映画『太陽の子』（黒崎博監督・脚本）でも原爆開発に携わった若き研究者が描かれ、注目を集めているが、戦時中の日本の原爆開発が背景にある。陸軍・東京大学（二号研究）と、海軍・京都大学（F号研究）という2つの研究が、戦時中から始動していた。陸軍は、東京大学の仁科研究室と理研（理化学研究所）に開発を依頼したが、課題があった。それは原料ウランの調達だ。大陸から運び込んだ分もあったが、十分な調達が難しかった。

そこで、古くから鉱物資源の宝庫だった福島県内の阿武隈山地が注目され、全国3大ペグマタイト（巨晶花崗岩）帯の1つ、石川町での採掘が終戦間際の45年4月から始まった。同月、研究施設が東京空襲で爆破され、計画中止となった後も採掘は続いた。結局、めぼしい成果は得

石川町のあちこちに多数の露天掘りの旧鉱山が残る（写真は戦中のウラン鉱ではない）

られないまま、終戦に。後世になって研究者やジャーナリストにより、日本の原爆開発とウラン採掘が広く知らされることになった。

少年たちが掘ったウラン鉱跡

前田さんと次に向かったのが、JR水郡線の線路近く、塩ノ平地区。林と水田の間の細い道を奥へ入っていくと、丘が崩れたような場所があった。「ここだよ、ここ」

木々の間に巨大な岩があり、その前が3畳ぐらい、木の生えていない空間になっている。暗さに目が慣れてくると、さらにその奥には、人力で掘ったようにも見える斜面が見えてきた。

「こんな風に掘っていたんだ」と身振り手振りで教えてくれる。

ふと見ると、足下には、白や鈍い銀色に光る石がたくさん散らばっている。小さなかけらを器用につまみ上げると、「この白いのがペグマタイト・巨晶花崗岩。一般的な白い花崗岩は国会議事堂にも使われている。このきれいなのが雲母。ちょっと見て」。指先で慎重に雲母の破片を薄い切片にはがしていく。前田さんを歓迎しているかのように手元で石がキラッ、キラッ、と息を吹き返した。そして、最後の場所に向かった。そこは小高い丘と空地が開けていた。

「ここなんだけど。ううん、今じゃ、分からないね。もしかしたら場所が少しずれているのかも……」。記憶をたどりながら、探索を続ける。当時より、だいぶ地形も変わっているようだ。丘の端から崖の下をのぞき込む。私が「あのあたり、誰かが掘ったような、崩れたような場所がありますけど……」と指摘すると、前田さんは足を止めて、その場所をぐっと凝視した。

「ああ、そうだ、あそこだ。下には降りていけないけど、あそこだな」

実際にウランは出たのか？

それぞれの場所で、「14、5歳の少年たちが汗を流しながら土を掘っていた場所がここなのか」と、私は圧倒された。前田さんはこの他にも3カ所のウラン鉱跡を案内してくれた。5カ所の跡地のうち、2カ所は私有地の牧場や田畑となり、遠くから見るだけに終わった。時間とともに風化するのは、記憶や記録、当事者の存在、そして目に見える地形も、だった。

前田さんの同級生、角田四郎さんの手記は伝える。「石掘りとは、小指ツメ大程の緑色の石や赤い石などを掘り出せというのである。この石で特殊爆弾なるものをつくるのだ。誰一人原子爆弾について知る生徒はいなかった。初めて耳にする言葉で、広島長崎に投下され、はじめて恐ろしさを知ったのは終戦間近のことだった」

戦後しばらく経って、自分たちがウランを探して石掘りをしていたことが分かった時、前田さんは、「道具も何もなく、私ら子どもが掘って、ウランなんて見つかるはずはなかった」と思った。でも本当はどうだったのか。

理科教師の前田さんが定年近くなった頃、同級生が「ある人」と偶然会ったと聞いた。その「ある人」とは、3、4歳年上で、石掘りの現場監督の人だ。これ幸いと、同窓会に招待した。懇親会で、前田さんはその人の隣りに座り、こう尋ねた。「教えてください。実際にウランが出たのですか?」。その人は言った。「いいや、出なかった」。やっぱりそうか——。そして今、前田さんは言う。「日本で原爆が作られなくてよかった。作っていたら、もっと大変なことになっていた」

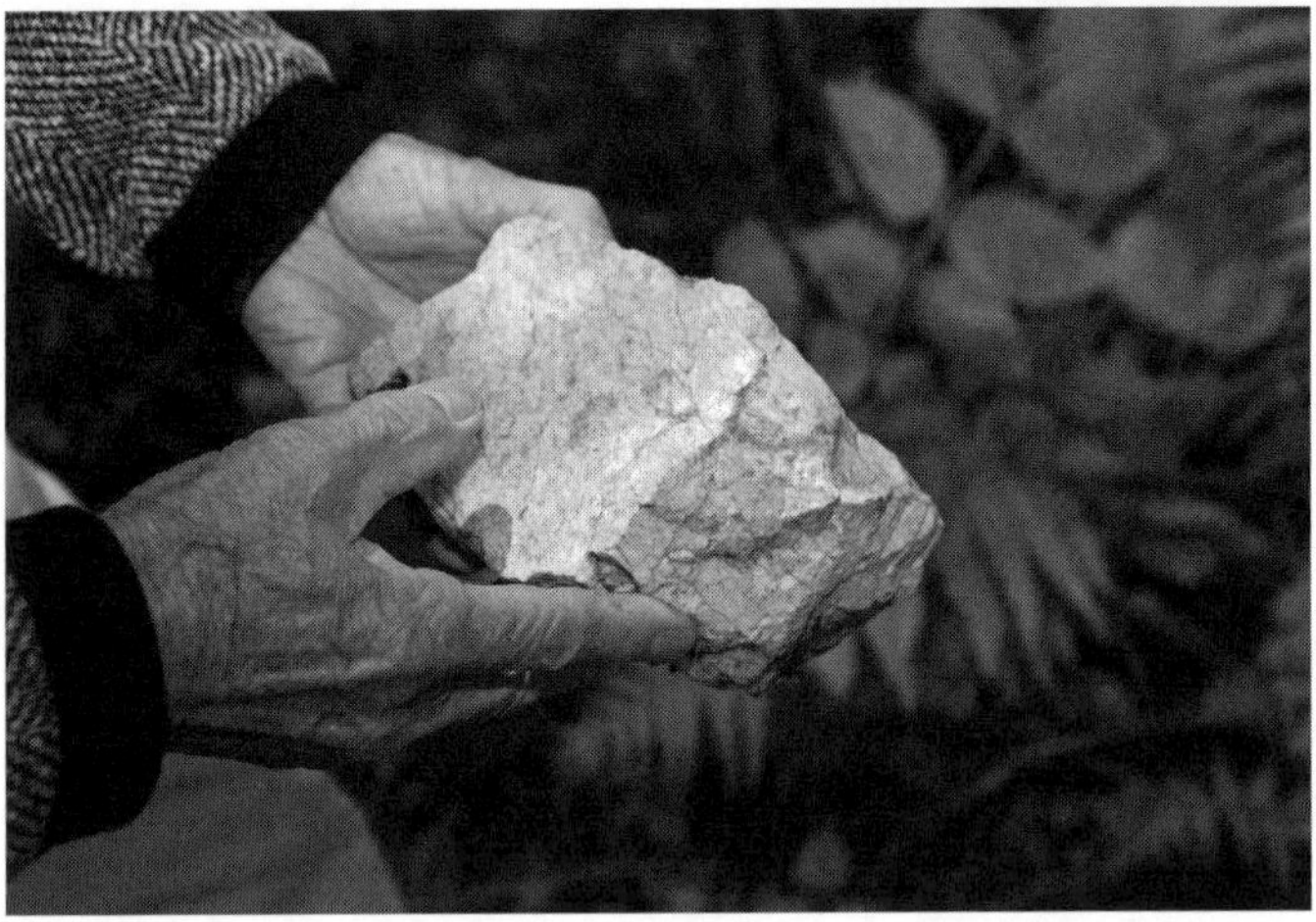

上／戦後、石川町内にあったウラン鉱山や軍事施設などの情報を友人らとまとめ、前田さんが描いた地図
下／案内されたウラン採掘現場には、白いペグマタイト（巨晶花崗岩、鉱物種:カリ長石）の岩石も

長年、石川町から出土する鉱物の調査・研究にたずさわっている同町鉱物保護収集委員会顧問で同町文化財保護審議会副会長の橋本悦雄さんは、「角田さんの手記にある緑色の石はベリリウムという稀元素を含む緑柱石（アクアマリンと同種）、赤い石はザクロ石（ガーネット）で、いずれもウランは含まれない」と言う。

「石川の戦争を語り継ぐ会」を開催

前田さんら当時ウラン鉱掘りをした同級生たちは、辛い体験を乗り切った人生の友として戦後も友情を育んできた。その1人、「中谷古文書を読む会」会長の有賀究さんを中心に、2010年から「石川の戦争を語り継ぐ会」を5回、地元石川町で開いた（11〜12年は震災で中止）。

「会を開いたのは、石掘りをした私たちの学年だけなんだ。76年も前で、しかも15歳の頃のことだから、全部をはっきりとは覚えていないよ。でも、聞かれたり、取材されたりすると、思い出すことがいろいろあるから」

まるで昨日も足を運んだかのように跡地を案内し、語ってくれた前田さんは言う。日本の核の負の歴史は、戦後76年を迎えても、前田さんたちを15歳のあの時に引き戻すのだ。そして人生の重大な出来事として自らに刻み、戦争の悲惨さを語る動機にもなっている。

現地を訪ね、気づいたことがある。それは、「まるでトム・ベイリーだ」ということ。トム・ベイリーさんとは、私が16年、米国のワシントン州ハンフォードの核施設の風下で会った農民だ。彼は、悪性リンパ腫やがんにかかった隣人の家々を巡る「デス・マイル・ツアー」を一人で行っている。被害者が次々に亡くなり、言葉や記憶が失われていく中、「核被害の語り部」として、被害の当事者が核や戦争の暴力性を伝え続けているのだ。

11年3月の東京電力福島第一原発事故後、核被害に関心が高まる中、前田さんもトム・ベイリーさんも、「体験を聞かせてほしい」と多くの人から求められ、語り続けている。「見えない核・放射能」の被害を、どう後世に伝えるか。前田さんの姿に、福島の原発事故を伝え続ける重要性を改めて痛感した。

筆者は原発事故後に有賀さん、そして20年から21年には前田さんに複数回インタビューを行った。お2人の歴史の重要性に関する見識、体験者として語り継ぐことへの情熱を感じ、まるで昨日のことのように鮮明に語られる内容にドキドキした。

有賀さんは24年5月、前田さんは24年7月に鬼籍に入られた。遺された証言、言葉の数々を思い出すと胸が詰まる。今度は戦争を知らない私たち世代がしっかりと伝えていかなければならない。

詩人

若松丈太郎さん（南相馬市）

原発を問うた詩人

「原子力発電所」を〈核発電〉、
「原発事故」を〈核災〉、
「原爆」を〈核爆弾〉と表現した詩人は、
傷を負った大地で、創作を続けた。

原発事故という新たな「戦争」の始まり

「原発事故を『敗戦』と言う人がいるが、私は『開戦』だと思う。戦争が始まったんじゃないかなという意識でいます」

2021年4月に亡くなられた、南相馬市の詩人で元高校教師、若松丈太郎さんは、福島市内の映画館・フォーラム福島での相馬高校教師・渡部《わたのべ》義弘さんとのトークで、そう語った。12年4月のことだ。

間もなく原発事故から14年になる今、福島の現状を振り返れば、4年前に亡くなった若松さんの言葉は、まるで「予言」のように私の意識に蘇る。実は、若松さんが重要な「予言」を遺したのはこれが初めてではない。1994年、叙事詩「神隠しされた街」が、福島第一原発事故後、多くの人々が避難して姿が見えなくなった街の様子と重なり、原発事故を「予言」したのでは、と注目された。

なぜ若松さんは事故を予見できたのか。東京電力福島第一原発から25キロの南相馬市に礎を築き、原発や核、戦争へと容易に転落しそうになる人間社会と対峙し続けた詩人の鋭い視点はどこから生まれたのか。

稼働したばかりの福島第一原発1号機の視察

若松さんが原発と対峙した最初の出来事は、今から54年前の71年秋。宮城県仙台市に本社がある地方紙・河北新報社から、連載「風土記71」の1回分として、東京電力福島第一原子力発電所の施設内に入って取材し、記事を書く仕事の依頼が舞い込んだのだ。その年の3月、同原発は稼働して7カ月が過ぎ、隣りの敷地では2号機の建設が始まっていた。その後、数十年にわたり福島県は全国有数の原発10基を持つ「原発銀座」となる。「原子力時代」の幕開けにもかかわらず、当時、原発に関する報道はまだまだ少なかった。

河北新報は当初、白河市で同人誌を主宰し、教師としても若松さんの大先輩にあたる人へ依頼しようとした。ところが、その先輩は「原発の近くに住んでいる若松さんへ頼んだらいいでしょう」と若松さんを推薦してくれた。若松さんは「先輩の推薦もうれしかったし、当時、原発が稼働し始めたばかりで、一度行ってみたいと思っていたので参加した」と言う。

この取材の前から、若松さんは原発について疑問を持っていた。「なぜ東京電力は自社のエリアの外側、この東北・福島に原発を作るのか。しかも、原発の建屋は国道6号線からは見えないところにある。しかも人口の多い地域から遠く、人口の少ない地域に作っている。これはやっぱり怪しい」。取材を経て、原発への疑問はさらに高まった。

「人が住んでいない海岸台地を削り、掘り下げ、水面からそれほど高くないところに立つ原発を実際に見て、『ああ、大変なことがここで始まったんだ』と思った。現地に入ったことで、核発電への疑問を余計に強く持つようになった」と言う。

71年11月28日付の河北新報「大熊—風土記71」で、若松さんはこう記した。「東電はPR館を設け、いかに安全であるかを強調しているのだが、肉眼にとらえ得ぬものであり、しかも何世代かのちにはじめて影響の有無が実証できるものとなれば、安全だ安全だと言われるほど住民の不安は大きくなっている」。そして、ある住民の不安の声を拾う。「『おれたちは実験材料にされてんだから、せめてカネでももらわねえことには……』と言っていたが、この不安をカネに置換しようとする庶民の論理を笑うわけにはいくまい」と。

原発内部の視察ののち、高さ30メートルの展望台から発電所を眺め、さらに依頼して地上の人間の目の高さで、再び見た。海岸を深くえぐり取った中に巨大な原子炉建屋が屹立する。しかし国道6号線や鉄道の常磐線車内からは見えない、隠されたエネルギーの要塞だった。

「荒々しく肉を露出して連なる正面のがけを削り、海に向けて建てられた鉄とコンクリートのかたまりは、周囲の風景にそぐわない異質のものが闖入した感がいなめないのだ。歴史的に国境であったこの地の、これはまた新しいフロンティアであるとしたら、それはいったい何に対峙するためのものなのだろうか。原発も怪物だが、巨大なエネルギーを食う人間はそれに輪をかけた怪物である」(「大熊―風土記71」)

自分の生活圏に迫るように、原発という怪物が〝侵入〟してきた。この怪物との「距離感」を若松さんは表現し続けることになる。

国内外の核災の現場を訪ねる

94年、若松さんは86年に事故を起こしたチェルノブイリ原発を視察する。ちょうど教員を早期自主退職した直後で、脱原発を目指す市民で結成した「チェルノブイリ福島県民調査団」が視察調査を実施するという。これもまた好機と参加し、被ばく治療を行う小児科医の話を聞き、プリピャチ市や、居住禁止区域のパールシェフ村などを訪問。避難せず残る人々からも話を聞いた。

事故廃棄物を埋め立てた空き地の上に若松さんらが立った時、線量計がけたたましく鳴った。それらの様子は11編の連詩「かなしみの土地」に著された(『いくつもの川があって』『福島原発難民』などに収録)。チェルノブイリ国際学術調査センター主任には、「かなしい町であるチェルノブイリへようこそ！」と出迎えられた。そこには事故を起こした原子炉の石棺が「悪しき形相でまがまがしく」存在していて、持参した線量計が計測不能を示すのだった。

作品「神隠しされた街」では、チェルノブイリ原発事故によって4万9千人の人々が短時間で避難し、人の気配がなくなってしまった街並みを見る。そしてその避難ゾーンを、まだ3・11を迎える前の東電福島第一原発が立地する福島県浜通りに重ね合わせていた。その後も、水俣を訪問し、脱原発や反戦・平和集会に参加。原発の近くで暮らす人々の話を聞き、表現し続けてきた。

そして11年3月、福島第一原発事故が起きた。若松さんは一時福島市に避難したが、4月に南相馬市に戻った。その後は、南相馬市を拠点に浜通りの被災地を歩き、人々と語った。依頼があれば断らず、静かな対話を重ねた。とりわけ若者たち——高校生や大学生ら——との対話を喜んだ。

「地の果て、南福島へ、ようこそ」。11年から12年頃、原発事故後について学ぼうと若松さんの自宅を訪れた高校生や大学生、大学の教員らを、若松さんはそう言って出迎えた。この言葉は、94年のチェルノブイリ視察訪問時にチェルノブイリ国際学術調査センター主任に言われた「かなしい町であるチェルノブイリへようこそ！」という迎えの言葉への〝返歌〟でもあった。

11年の原発事故発生当時15歳で、福島市内の高校生だった長島楓さんは、同市内の高校生による詩の朗読グループ「種まきうさぎ」の一員として活動した。高校卒業後、都内の大学に進学し、詩を勉強する中で、若松さんの「ひとのあかし」に出会った。「原発事故が起こる何年も前に予言されていたかのような若松さんの詩に衝撃を受けたのを今でも覚えています」と長島さんは話す。その後、同級生とともに若松さんのもとを訪ね、原発事故以前の様子、そして事故後の今を語り合いながら、「ひとのあかし」に込められた若松さんの思いを聞いた。

「ひとのあかし」若松丈太郎
ひとは作物を栽培することを覚えた／ひとは生きものを飼育することを覚えた／作物の栽培も／生きものの飼育も／ひとがひとであることのあかしだ
あるとき以後／耕作地があるのに作物を栽培できない／家畜がいるのに飼育できない／魚がいるのに漁ができない／ということになったら／ひとはひとであるとは言えない／のではないか

（初出 2011年5月）

長島さん自身、14年にはマーシャル諸島を訪問し、原水爆実験被害者の話を聞いたり、大学の社会調査実習に参加した。

大学を卒業して社会人になった長島さんは、「若松さんがチェルノブイリを訪れた時の話を伺って、チェルノブイリは恐ろしいほど福島に似ていると思った。どのような想いで詩を書いたかをお伺いできて、その後も力を込めて朗読できた。種まきうさぎの活動についても本当に喜んでいただき、最後には新しい詩集のコピーもいただいた。子どもたちの未来を考え、長年にわたり行動されていた」と語る。若松さんの想いは、次世代を担う若者たちにも確実に引き継がれている。

「もう、だまされない」という意識

震災から間もなく10年の頃、避難した住民が戻ってきた地域もある一方で、戻らないまま人影の絶えた場所もあった。福島県はイノベーション・コースト構想という新しい産業に力を入れ、東京五輪の聖火リレーも浜通りでは予定されていたが、依然として原子炉冷却の汚染水は増え続け、廃炉作業という後始末も終わっていない。私たちは時間とともに、被災体験、原発事故という負の出来事を忘れてしまうのだろうか。

「『俺は絶対にだまされたくはないぞ』という意識が必要だと思います。私は戦争を体験して

詩の朗読活動をする長島さんと（2014年）
写真提供／長島さん

いますからね。1935年生まれだから、戦争が終わったのは10歳。その時、『俺はだまされた』と思った。昨日まで戦争を賛美し、『日本は絶対勝つ』と言っていた教師が、敗戦を境に、子どもたちにそれまで使っていた教科書に墨を塗らせた。

その時、『もうこれ以上、自分の生涯の中で、人にだまされたくはない。もう、だまされないぞ』と思いました。それぐらいのことを、自分で意識して生きていくべきではないかと、そんなふうに思うのです」

若松さんの戦争体験を綴った詩集『十歳の夏まで戦争だった』の「リンゴ箱のなかの本」では、教師への不信と絶望の中で、詩に光を見出す体験が綴られる。14、15歳の時、満洲に出征する叔父が、兄である若松さんの父に託した木箱に、ヒトラーの『我が闘争』や他の詩集が入っていた。『我が闘争』の下には詩集などがあり、若松さんは金子光晴の詩集『鮫』を発見した。検閲から逃れ、200部しか印刷されなかったその1冊が手元にあるという奇跡。その詩集『鮫』を本物と感じた感動をこう表現した。

教師をふくむすべてのおとなたちが／その向いている方向をいっせいに変えてしまう姿を見て／深く暗い喪失感と不信感のなかにいたわたしは震撼した／生きる根拠にしうるにたる確かなものにめぐりあえたと

（「リンゴ箱のなかの本」より）

冒頭に紹介した12年4月のフォーラム福島でのトークの3週間後、若松さんは同館支配人の阿部泰宏さん（p.16）とともに車で南相馬市内を回った。その時、阿部さんは若松さんの言葉に衝撃を受ける。

「私は、消えてしまいたい。この世から、消えてしまいたい」

そこには深い深い絶望があった。原発事故後は「ただちに影響はない」「原発事故は収束に至った」と、被害を矮小化するような言葉があふれた。何よりも言葉を大切にした若松さんの目の前で、人をだます道具として多くの言葉が巧みに使われていた。この言葉を聞いた阿部さんは「あまりにも世の中がおかしくなっていることへの絶望だったのではないか」と振り返る。

若松さんの死、その後

私が最後に取材をした20年12月から3カ月後の21年2月、若松さんは播種《はしゅ》性腹膜炎（腹部に無数の腫瘍がある）と診断され、終末期を自宅で過ごした。

岩手県奥州市江刺区岩屋堂（旧・岩屋堂町）出身で、福島大学に進学後、同学年で同学科、同じサークルの妻蓉子さんの実家のある南相馬市に居を構え、詩作だけでなく、地元の文化や歴史の発掘と保存に尽力した人生だった。

特に南相馬市小高区（旧・小高町）の街のたたずまいが、生まれ育った岩屋堂に似ていると深い親しみを感じ、同市内各地を頻繁にバイクで巡った。憲法研究者で治安維持法で逮捕・有罪になった鈴木安蔵、作家島尾敏雄（『死の棘』など）、埴谷雄高《はにやゆたか》（『死霊』など）、農村開拓者の平田良衛《よしえ》、大曲駒村《おおまがりくそん》（本名省三）、井戸霊山、荒正人、治安維持法違反容疑で映画界でただ1人検挙されたドキュメンタリー映画監督の亀井文夫（『日本の悲劇』など）、南相馬市ゆかりの人々の研究や資料収集を行った。同市の埴谷・島尾記念文学資料館には、若松さんが収集した資料が多数、収蔵されている。

教師の後輩として長年交流があった山崎健一さん（南相馬市から避難し、現在は福島市在住）は、教員4年目で小高農業高校に勤務、職員室で10歳年上の国語教師・若松さんと机が隣り合わせになった。勤務が重なったのはたった1年だけだったが、別の学校に異動しても、山崎さんの運転する車で小高の偉人ゆかりの地を訪問したり、平和運動をするなど親交は続いた。

「若松さんは、小高農業高校60年、相馬中学・相馬高校80年、原町高校50年と、異動先の学校で記念の学校史誌の編さんを行った。『若松さんの学校史誌を超えるものはできない』と言われるほど、どれも緻密な内容だった」と、山崎さんは言う。

立正大学名誉教授で、憲法学者の鈴木安蔵研究の第一人者である金子勝さんからは「鈴木安蔵の資料が卒業した相馬高校にあるのでは。探してもらえないか」との依頼を受けて調べ、15歳で出場した弁論大会で優勝した時の原稿などを発見した。「若松さんは反戦・平和を求め、それに背を向け変節する人々への嫌悪感、危機感を抱いていた。私にとって畏敬の人だった」

12年4月、若松さんの案内で南相馬市小高区を取材したことをきっかけに、同市に移住した人もいる。フリーライターのすぎた和人さんだ。今、すぎたさんは、若松さんの想い、活動をたどるドキュメンタリー映画の製作を進めている。「若松さんは詩人として評価された人だったのはもちろんだが、真のオピニオンリーダーでもあった。東北人としての気概や矜持《きょうじ》、ジャーナリスティックな視点を持ち続けた方だった」。すぎたさんは「精神のリレーのバトンを勝手に受け取ったつもりで」、若松さんの映画製作や平和運動に取り組んでいる。高校教師の渡部さんも、師と仰いだ若松さんを慕い、寂しい表情を隠さない。原発事故後、相馬高校放送局の顧問として、生徒とともに原発事故後の相馬市や南相馬市の様子を描く演劇やドキュメンタリーなどを制作。演劇公演や映像、講演会などの機会に、原発事故が遺した傷痕を伝え続ける。若松さんの精神は、人々の中で確かに息づいているのだ。

星が好きで、幼い頃は天文台に勤めたいと思った若松さん。葬儀では宇宙葬をイメージした祭壇が作られ、妻の蓉子さんは「丈太郎は宇宙塵《じん》になりました」と話した。

生前の若松さんの言葉は、今も重く響き続ける。

「政府は『原発事故収束』と言ったが、本来なら、『終熄』でなければいけない。ほら、すでに嘘がある。言葉は大事。言葉から、現実がどう表現されているかを考えることが大事。原発を推進する人たちは、2011年の原発事故もいずれ起きると分かっていたと思う。そして原発事故は全く終わっていない」

遺された言葉の中に、私たちのこれからが問われている。

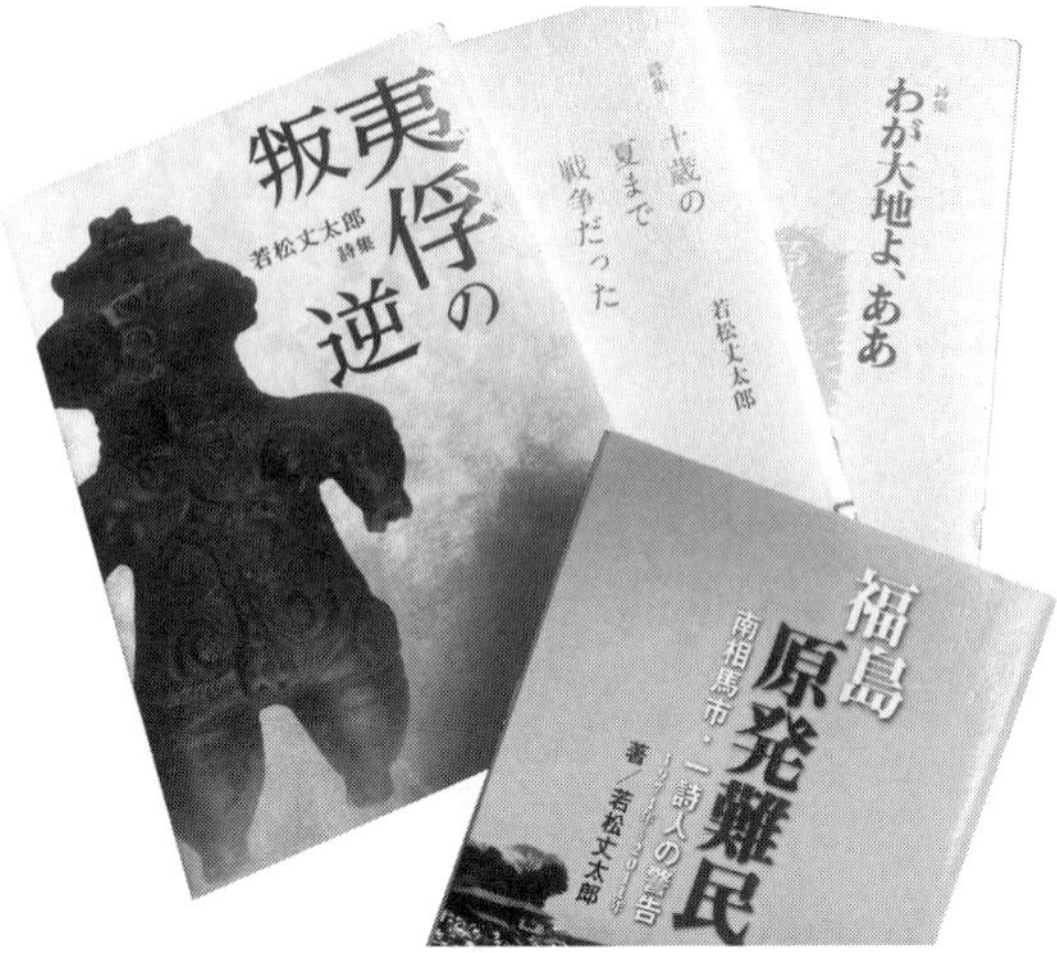

『福島原発難民 南相馬市・一詩人の警告 1971年—2011年』、詩集『十歳の夏まで戦争だった』、『夷俘の叛逆』（ともにコールサック社）、『わが大地よ、ああ』（土曜美術社出版販売）

若松さん宅にあった金子光晴の詩集『鮫』。

わかまつじょうたろう（1935-2021年） 岩手県奥州市生まれ。福島県立高校の国語教師在職中から詩を発表。詩集『海のほうへ 海のほうから』、『ひとのあかし What Makes Us』（若松丈太郎著、アーサー・ビナード英訳）、『福島核災棄民—町がメルトダウンしてしまった』など

講談師
神田香織さん（いわき市出身）

平和と震災を語る講談師

原爆と原発事故、平和と戦争を伝え、命の尊さを訴える神田香織さんの語りに、人々は涙し、元気を取り戻す。

沖縄戦を生き抜いた女性を語る

2021年9月5日、東京都板橋区内のホール。コロナ禍で三密を避けて開かれた高座で、福島県いわき市出身の〝社会派講談師〟神田香織さんは新作を発表した。講談『沖縄戦―ある母の記録』と題し、太平洋戦争中、戦場となった沖縄を一族全員で避難し、その後、平和の語り部となった安里要江《あさととしえ》さん＝20年11月に99歳で逝去＝の物語だ。講談『はだしのゲン』『東京大空襲』に並ぶ、香織さんのライフワーク『戦争三部作』となるこの作品。

それまで暮らしていた生活の場が戦場になり、乳飲み子を抱えて、鍋や器を手に逃げ惑う人々。ガマや墓地に避難し、毎日、空襲や飢餓と闘う日々。壮絶な「庶民の戦争」があった。

「最後まで生きようとして玉砕を迫られた人たち、赤ん坊を殺された人たち。どんなに無念だったか。昔から命は宝、『命《ぬち》どぅ宝』という教えがあります。若い皆さん、命の大切さをかみしめていただいて、21世紀を羽ばたいてくださいね」

香織さんは、安里さんの語りを継いで、講談を締めくくった。

好奇心を羽ばたかせた幼少期

香織さんは、いわき市の南部、泉町に生まれ育った。古い農家が立ち並ぶ田園地域で、近所の男の子たちと忍者部隊を作って野山を駆け回って遊ぶガキ大将だった。幼い頃から、乱暴なことは大嫌いで、男の子がヘビを捕まえて殺していたりすると、「何で殺すの！」と猛烈に怒った。捨て犬や捨て猫を見つけると拾ってきて、「飼えないよ」と親に怒られることもたびたびだった。

中学生になると、香織さんの「冒険心」や「好奇心」「行動力」「コミュニケーション力」が羽ばたき始める。秋、一緒に自転車通学をしていた友だちと帰宅途中、1時間かけて山の紅葉を見に行く小さな冒険を楽しんだ。登下校中に、トイレに行きたくなると、「すみませーん。お便所を貸してくださーい」と道沿いの家を訪ねた。各家は「さあさあ、使いなさい」と言って快く貸してくれ、そのまま玄関先でその家のおばあちゃんと話し込むことも。

人との触れ合いを育んだ生活も、中学後半になると高校受験に入っていく。当時、いわきは「磐高《ばんこう》（磐城高校）磐女《ばんじょ》（磐城女子高校）にあらずんば、人にあらず」などと揶揄《やゆ》され中学浪人をする人も珍しくない、県内で最もし烈な受験地域。両親は戦争体験者で素朴な農家だったが、中学校ではテストの順位が張り出されるような雰囲気の中、磐城女子高校に進学する。

高校では3年間演劇クラブで活動。のちに俳優として活躍する秋吉久美子さんがクラスにいて、香織さんと秋吉さんは、磐城高校の男子生徒から「磐女三大美女」と憧れの的になったこともある。しかし香織さんは、「見た目だけで判断するなんて」と違和感を抱いていたと言う。

俳優から講談師へ

演劇の楽しさを知った香織さんは、高校卒業後、東京演劇アンサンブルの養成所に入り、俳優をしながら、言葉の「なまり」を直そうと、講談師で当時70歳を超える二代目神田山陽さん(故人)の稽古場へ通い始めた。

講談は、500年以上の歴史を誇り、落語、浪曲に並ぶ、日本三大話芸。講談師は別名「講釈師」、その話芸には、南無妙法蓮華経と同じリズムがあると言われる。「ランナーのランニング・ハイってあるでしょう。まるでトーキング・ハイ、とでも言うのでしょうか、話していくうちにそのリズムに浸かっていくんです」と、香織さん。情景が目の前に広がり、パパン、パン、パン、パン……と無意識に張り扇を打ち続けることも。聴衆も、声と扇のリズムに心地よく酔う。そのすばらしさに魅せられ、1980年には門下生に。

師匠との出会いが、香織さんの自由な精神をさらに目覚めさせた。「講談は何を素材にしてもいい。古典だけじゃなくて、漫画だって小説だっていい」と語る師匠。「弟子は、教わった通りにするべき」という発想や、古いしきたりを強制するようなこともなかった。「好きなことを自由に表現していい、と。あの師匠に出会わなければ、そして、あの師匠でなければ、私は講談を続けられなかったと思います」と生涯の師を語る。

サイパン戦跡巡りが大きな転機に

前座修行が終わり、プロとして認められる「二つ目」に昇進した時。香織さんは昇進祝いとしてサイパンに旅行する。その時、太平洋戦争の戦跡を巡り、追い詰められた日本人が海に飛び込んだ岬「バンザイクリフ」を訪れる。ここで命を落とした人がいる……。胸がいっぱいになった。同時に、「戦争を繰り返してはならない。戦争と平和をライフワークにしよう」と決意した。「香織さんは美人なんだから、恋愛ものとかがいいんじゃないの」とアドバイスする人もいたが、香織さんの心は全く揺さぶられない。それよりも、戦争で亡くなった1人ひとりの命の尊さを伝えたいと思った。

もっと勉強したいと広島平和記念資料館を訪ねた時、売店に中沢啓治さんの漫画『はだしのゲン』を見つけた。即買いし、全10巻を抱えて帰ってきた。読めば読むほど、原爆の悲惨さ不条理さと同時に、その時代を生き抜いたゲンのたくましさや明るさ、怒りが伝わってくる。それは命の輝き、生きる力そのものだった。

すぐ、中沢さんに会いに行き、講談にすることの許可をお願いした。中沢さんは快諾し、香織さんをこう言って励ました。「私たちの不幸を踏み台にして、幸せになってほしい」。完成した講談『はだしのゲン』の高座にきた被爆者が、「これからも語り継いでほしい。原爆の悲惨さを伝えて」と、励ましてくれた。

本格的に講談を開始した86年、ソ連でチェルノブイリ原発事故が起きる。核・原爆と、その平和利用としての原発。地続きの加害が現地の人々だけでなく人類全体を苦しめている。「福島にも原発が10基もある。どこかの世界で起きたことじゃない」。講談や講演の中で反核、脱原発に触れると、「アカだ」と言われたことも。しかし、自分の内にある平和の思想は、確かに鳴動し続けている。「過去の歴史を伝えなければ」。それは、数いる講談師の中で、まさにオンリーワンのポジションだった。

2001年、作家スヴェトラーナ・アレクシエーヴィチさんのルポ『チェルノブイリの祈り』

が岩波文庫となった。それを読み、香織さんは「突然に始まった、普通の人々の闘いを伝えたい」と、すぐアレクシエーヴィチさんと連絡を取り、原発事故処理で被ばくした消防士の妻を主人公に講談『チェルノブイリの祈り─未来の物語』を完成させた。長野県の医師鎌田實さんがアレクシエーヴィチさんを日本に呼んだ03年には、本人の前で講談することができた。

続いて、香織さんは精力的に講談を創作する。人種差別と闘った米国の女性歌手『ビリイ・ホリディ物語』、いわきの炭鉱閉鎖で女性たちが歩んだ道を伝える『フラガール物語─常磐炭礦余聞─』、1977年横浜で起きた米軍ジェット機墜落事故『哀しみの母子像』など、命に向き合う作品が並んだ。

ゲンがくれた元気と原点

それから10年後、11年3月。東京電力福島第一原発事故が起きる。香織さんは『チェルノブイリの祈り』と同様に、さまざまな悲劇が、故郷・福島で起きていることに衝撃を受ける。講談『チェルノブイリの祈り』は最後、こう締めくくられる。「これは未来の物語。これをもって読み終わりです」。ところが、現実は、チェルノブイリ原発事故以降の未来に、原発事故が

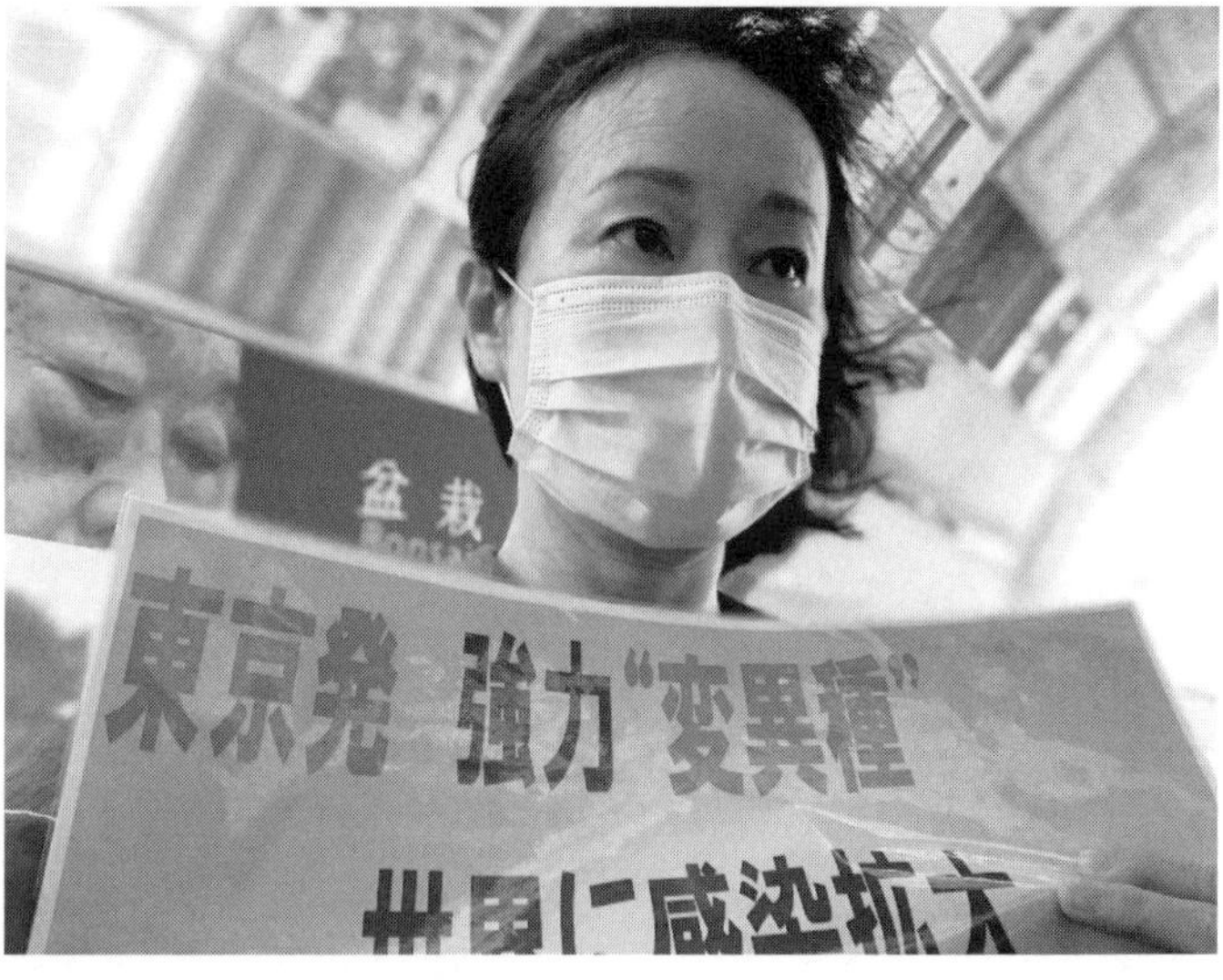

上／来日したアレクシエーヴィチさんと対面（2003年）
下／「コロナ禍での五輪開催は生命の軽視だ」と、抗議のスタンディングに参加

起きた。それもまさか、福島で――。「原発事故はずっと先の未来じゃなくて、現実なんだと思ったら、辛いばかりでした」

閉じ込めておくことが原則の放射性物質が全国にばらまかれ、多くの人が被害に遭っている。講談は根本に勧善懲悪があり、悪いことをした者は罰を受ける。ところが、現実世界では、責任を取るべき国や東京電力は責任を取らず、真実を語らない。一方で、市民は事故から10年が過ぎても、終わりなき被害と苦しみの中にいる。一体、どうしたらいいのか――。

そんな時、あの原爆でも負けなかった「ゲン」が蘇ってくる。「ゲンは元気のゲン、原点のゲン。私の原点に帰ればいい」。それは語り続けることだ。

『はだしのゲン』が私の一部になったよう

24年、講談『はだしのゲン』は38年を迎えた。ゲンを始めとする被爆者たちの失われた生命を、そして生き延びた人たちの辛苦を、戦争の残忍さを、自らの声で、言葉で語り続ける香織さん。

「最初は『間違えないように』などと意識していましたが、38年も経った今は講談『はだしのゲン』が私の一部になったような、そんな感覚があります」

ゲンの物語は、近年もさまざまな逆風にさらされてきた。それでも確かに読み継がれ、語り継がれている。諦めないことを決めた、香織さんの人生のようだ。

講談を始めた時は「よくぞ講談でやってくれた。原爆はダメだ。戦争はダメだ」と歓迎され、多くのメディアの取材を受けた。しかし、その背後で、「戦争も原爆も過去のことだ」という動きが、ヒタヒタと近づいているのを危険だと感じてもいた。

そして状況は次第に厳しさを増していった。13年には島根県松江市教育委員会が、「内容に過激な描写がある」などとして、市立小中学校に漫画『はだしのゲン』の閲覧制限をかけるという問題が起きた。結局、「手続き不備」を理由に制限は撤回されたが、表現の自由が保たれているのか、歴史修正主義になっていないか、などさまざまな議論が展開された。

また23年には広島市教育委員会が小学校3年生を対象に授業で使う副読本「平和ノート」から、『はだしのゲン』を削除した。香織さんはこの作品の大切さと同時に削除撤回と復活を求め、発言し続けた。「戦争の歴史を知ること、そして生きていくことを子どもたちが学べる、とてもよい教育的な素材です。広島だけでなく、全国の小学校での副読本として活用すべきです」と。香織さんの講談の内容を軸に『はだしのゲン』が訴えるものを、24年9月、ＢＳの番組が特集し高評価を得た。

伝えたい「被害・被爆の実相」

24年10月8日、講談『はだしのゲン』の活動が評価され、香織さんは「第9回澄和《とわ》平和活動賞」（一般財団法人澄和）を受賞した。その3日後、日本原水爆被害者団体協議会（日本被団協）のノーベル平和賞受賞が発表された。香織さんは「受賞は心からうれしかった。同時に世界が戦争の時代に入り、核戦争が近づいているということに、怖い気持ちを抱いた」と言う。日本被団協の代表委員の田中熙巳《てるみ》さんが、堂々とハキハキとスピーチする姿と声に、涙が出る思いだった。

その翌日、香織さんは福岡県飯塚市の行政主催の高座に上がっていた。故郷・いわき市と同様に、かつては炭鉱の町だった飯塚市で、20代から高齢者まで幅広い市民が集まった。23年の「平和ノート」での『はだしのゲン』削除問題以降、講談後は休憩をはさんで、出席者とのトークの時間を設けてきた。「戦争の問題は1人ひとりの問題になっている。どうしたら戦争に加担しないで、巻き込まれないで生きていくことができるか、自分の問題として考えていく時間にしたい」と香織さん。飯塚市では活発な意見が交わされた。

その中で、ハッと気づかされるような体験をした。

主宰する講談教室の生徒と。語る喜びに、笑顔と力がわく。上野広小路亭で

1人の若者が「原爆を受けたら、人はどうなるのかということが、香織さんの講談を聞いて初めて分かった」と言う。

講談『はだしのゲン』では、原爆を受けた人間の様子が生々しく語られる。5000度以上の高温で焼かれ、人間の腕の皮膚がはがれて爪の先に止まってダランとぶら下がっている様子。川には多数の死体が浮かび、その死体の腹部にはガスが溜まるため、お腹が風船のようにパンパンに膨らんだ後に、バーンと破裂する。遺体にはうじ虫がわき、臭い匂いがする。どれもこれも現実に起きたことだ。作者の中沢さんが体験として描いているそのままなのだが、それを驚きとともによりリアルに感じる若者や大人たちがいる。それまで漠然としていた原爆による被害、人の死を、香織さんの講談を通して、よりリアルに感じ、理解し始めていたのだった。

「原爆って何なんだろう。被爆したらどうなるのか。それを学校でちゃんと教えないから、漠然としたまま大人になった人がいっぱいいるんじゃないかと思いました。やけどをした皮膚、遺体にわいたうじ虫の匂い――そういうものを五感で感じてもらえるということが講談のよさだと思うんですよね。目で映像を見るのではなく、講談を聞いて、自分の頭の中で想像して自分の映像を作り出す。そうすると、なかなか忘れないんです」

実際に起きた歴史を伝えない、そして修正して責任を取らずに国民を足蹴にする政策が、太平洋戦争後だけでなく福島原発事故後も続いている。「あれだけ福島の人が苦しんでいるのに、また原発を再稼働しようとしている。原爆を落とされた人たちにした仕打ちを今も続けているんですよ」と憤る。

みんなで「力声」を出そう

漫画『はだしのゲン』は今、25カ国語に翻訳され、世界各地で読まれている。香織さんは24

年、古希・70歳を迎えた。ここ数年、「戦争や原爆の悲惨さを、海外にも伝えていきたい」と考えてきたが、よりいっそう被爆直後の広島・長崎の人々の被害の様子を、世界各国の人々に伝えたいと強く思っている。「アメリカを始め、世界の人々に講談を聞いてもらいたい。原爆被害の痛みがわからないという人がたくさんいるから、『戦争を終わらせるために原爆が必要だった』という発言が出てくるんです」

澄和平和活動賞の授賞式では「声が出る限り、頑張りたい」と挨拶した。

これからも忖度なく理不尽さや平和への思いを語り続ける。おかしいと思ったことをおかしいと言い続けるのは、「あきれ果てても諦めない」と決めているからだ。

その時の心からの声、明るい未来を切り拓こうと丹田から出る声を「力声《ちからごえ》」と呼ぶ。みんなで力声を出そう。つながって声を上げよう。つながればそれは力になる。香織さんはそう確信している。

ルポ・福島

散り散りになった仲間をつなぎたい「かーちゃんの力・プロジェクト」涙を力に

2014年に『婦人之友』に連載された「福島のいま」は、大震災後の〃時〃と〃人〃をリアルに伝えました。全11回の第1話です。

福島県内の避難者や被災者、そして被災者を受け入れた県内各地の人々の間で、静かな話題になっている一編の詩がある。

たくさん悔しい思いをしたよね
たくさん、たくさん泣いたよ
でも、生きてる
やっぱり止まっては駄目だよ
どんなに小さな一歩でも前へ進んだら
ほらね、実ってくれたんだもの
植物は、こんな状況の中でも
頑張って生きているんだもの
だから私はあきらめないことにしたの

２０１３年11月10日。阿武隈《あぶくま》高地にある福島県船引町の北移《きたうつし》南移《みなみうつし》コミュニティプラザ。この詩を作った飯舘村《いいたてむら》住民、渡邊とみ子さん（59歳）が詩の一節を静かに読み始めると、思わず目頭を押さえる聴衆の姿があった。

この町にも、原発の近くから避難してきた人が、避難者を支援している人がいる。みな、「震災はまだ終わっていない」と実感している。そんな人々を前に渡邊さんは、避難先の福島市内での家族との暮らしや、震災後避難してきた女性たちと始めた活動について話をする。

飯舘村は２０１１年３月の東日本大震災後の東京電力福島第一原子力発電所の爆発事故で、原発から40キロほど離れているにもかかわらず、放射能汚染の高い「ホットスポット」になった。震災から１カ月後の４月22日に村全体が計画的避難区域に指定され、５月15日には避難を開始。放射能が飯舘村の人々から、家や田畑、友人たちとの関係、そして日常生活を奪っていった。

「たくさんのものを失ったけれど、絶対にあきらめないことだけは、誓ったんです」。渡邊さんはそう話すと、かみしめるように言葉をつないだ。「飯舘村でいろんな経験させてもらって、地域のみんなに育てていただいた。だから堂々と胸を張って言います。『私は飯舘村民です』って」。

今、渡邊さんたち、阿武隈高地の町村で放射能汚染の被害に遭い、避難生活を送った農家の女性たちが、農業と食で再起を試みる「かーちゃんの力《ちから》・プロジェクト」に取り組んでいる。

一時避難、そして全村避難へ

２０１１年３月12日から15日にかけて、福島第一原発は１号機から４号機までが次々に爆発や火災事故を起こした。飯舘村の渡邊さんの自宅は11日から停電が続いていたが、13日の夕方には電気が復旧した。「ああ、助かった。ああ、生かされている」。それが渡邊さんの正直な気持ちだった。その時は避難することなどまるで頭になかった。「それまでは全く(放射能汚染について)考えはなくて、地震の後すぐに知り合いの人に食べ物を運んだりしていました。村役場に災害対策本部ができたと聞いて、役場にも食べ物を持って行ったりしていたんですよ」

あとはただただ、その後の原発事故の深刻さに驚くだけだった。長野県の友人から「早く避難しておいで」と連絡を受け、3月19日から4月3日まで白馬村に避難したが、避難先からも村の災害対策本部や県庁に「先が見えない不安の中で、生活を続けるのも避難するのも『個人の判断』という今の状況では、私たちが戻った後も分断されてしまうのではないでしょうか」「でも、希望を持ち、知恵を出していきたい」とファックスした。

一度は村に戻ったが、仕事が再開できるような状態ではなく、その後、茨城県阿見町のカブ農家の手伝いに出た。農業ができない、仕事がない中で、少しでも生活費を稼ぐ必要もあったからだ。

避難や仕事先を転々としながら、渡邊さんにはずっと大きな気がかりがあった。それは、渡邊さんが会長を務める「イータテベイクじゃがいも研究会」で取り組む飯舘村のオリジナルブランドのジャガイモ「イータテベイク」と、カボチャ「いいたて雪っ娘」の種のことだった。開発者で元農業高校校長の菅野元一さんの指導を受け、地域の特産品として誇れるものに成長していた矢先の原発事故。「種は無事だろうか。戻ったらまた作れるようになるだろうか」。その不安の中でも渡邊さんは、菅野さんへも「あきらめない」と決意を伝えた。

「までい」な村の女性たちの声

飯舘村は人口約6000人、福島県の中央・中通り地区を縦に走る阿武隈高地に位置し、美しい里山の風景と自然環境に恵まれている。夏はヤマセの影響で冷害があり、冬は雪が積もるという、厳しい気候の一方で、地域コミュニティや子育て、教育、農業などを丁寧に行う「までい」（「真手《まて》」から変化。両手で大切に、の意味）の村づくり、スローライフの村づくりを進めてきた。地域では女性の参画に力を入れた交流事業を行ってきた。

渡邊さんがイータテベイクなどの栽培や普及に携わることになったきっかけは、1992年にさかのぼる。結婚を機に福島市民から飯舘村民になった渡邊さんは、村内で長く縫製の仕事を続け、「コシノヒロコ」ブランドも手掛けるまでになった。地域での活動が目に留まり、同年、村の長期計画となる第四次総合振興計画の地区別計画推進委員に推薦された。その頃知り合ったのが菅野さんだった。菅野さんは品種改良中のカボチャの種を渡邊さんに渡し、「私が開発したものだが、作ってみて、カボチャの出来を評価してほしい」と依頼。どうしたらよい品種になるか、おいしいカボチャが作れるか——渡邊さんはすっかり栽培のとりこになっていった。

2000年、村は平成の大合併に直面するが、地域の人と議論を重ねた結果、渡邊さんは「合併せずに、独自の道を選ぶ」方針を主張。村は自立の道を決めた。では自立していくなら何が必要か。そこで村の特産品作りが挙がり、05年「イータテベイクじゃがいも研究会」を結成。07年4月には、イータテベイクや、カボチャ・いいたて雪っ娘を使った加工施設「までい工房美彩恋人」をスタート、農業の6次化を始めた。

当初から資金のない中での起業だったが、一番の理解者である建築業の夫が自宅の一部を加工場に改築してくれた。10年にはイータテベイクが種イモの認可を取得。11年に採種で合格すれば販売できる。その矢先に起こったのが東日本大震災と原発事故だった。

カボチャが教えてくれたあきらめない心

震災から2カ月の11年5月19日、渡邊さんは福島市で見つけた農地の耕作に入った。もともとは水田だった20数枚の田圃をトラクターで畑にしてもらい、粘土質の土に腐葉土を敷いた。「あの飯舘の土があったらなぁ」。何年も手入れした、フカフカの土が懐かしかった。それでも震災後の初めての種まきで心が躍った。

1週間後、なんとカボチャは芽を出していた。緑色のかわいらしい芽。「こんな条件の悪い土なのに、よく芽を出してくれたね」。その強さ、たくましさ。「土が悪い」と文句も言わずに、ちゃんと芽を出してくれた。渡邊さんは思わず涙ぐんでいた。ところが、やっと出た芽30数株が、ごっそりカラスに食べられてしまう。それでも残ったカボチャは花を咲かせ、実をつけた。そこで冒頭の詩、「あきらめないことにしたの」が生まれた。

「いなかみち」ネット

11年の秋、渡邊さんのところに電話が入った。「とみ子さん、今どうしているの」。長年、飯舘村

カボチャ「いいたて雪っ娘」と渡邊とみ子さん

の研究を続ける福島大学行政政策学類教授の千葉悦子さんからだ。震災後ばらばらになった村の人たちのために、何かできないかと考えていた千葉さんと、同じく塩谷弘康教授、大黒太郎准教授から、思いがけない提案を受けた。「かーちゃんたちをつなぐ事業をしてみない？」。

渡邊さんは村の長期計画の委員の時、女性たちの意見をまとめた資料を読む機会があった。そこには、「私たちも研修を受けて、村のリーダーとして活動したい」という意見があり、「一人ひとり底力を持っている」と、実感したことを思い出した。また、震災前から、阿武隈高地の町村は、飯舘の「い」、浪江の「な」、葛尾の「か」、都路の「み」、川内《かわうち》の「ち」という名前の一字を取って「いなかみち」と名づけたネットワークを作り、各地の郷土料理の原料作りから加工、販売までを共同で進めてきていた。渡邊さんはネットワークのメンバーから、何人かの女性をピックアップし、もう一人とともに仮設住宅を訪ねて、話を聞いた。

「生きがいを失った」「これからどうやっていけばいいのかわからない。先が見えない」「家族の介護が必要になった。自分の体も具合が悪い」。話しながら、聞きながら、全員が泣いていた。

しかし、泣いてばかりはいられない。「できることを、やろう」。何か自分たちでできることをやりたい。じゃあ、できることはなんだろう。かーちゃんたちが向かったのは台所だった。包丁と玉じゃくし、ボウルを手に、帰れなくなった地元の郷土料理を作り始めた。震災の中でも、食の大切さを実感していた。「生きることは食べること」。材料は地元のものではないが、みんなで作って、食べて話をして、少しでもかつての日常に近づきたい。

11年11月、約10人が集まって、第1回の「かーちゃん会議」を開催。エゴマ（＝じゅうねん）を使った郷土料理「じゅうねん餅」と「さい餅」（祝事などで出す豆腐とクルミの餅）を作り、「振る舞い」をしようと決め、翌月には「結もちプロジェクト」として餅作りが始まった。翌年の1月、福島大学の小規模自治体研究所や地元のNPOほうらい、被災者支援をする団体などの支援で、「かーちゃんの力・プロジェクト協議会」が発足。郷土の味を生かした弁当や菓子類、加工品の製造と販売を始めた。県の補助で12人の雇用を決めるなど、事業が次々に動き出す。肩を落として泣いていたのが、前を向いていた。

食の安全への理解を進める

「食品の放射性物質の測定はどうなっていますか」「食べ物を作って売るなら、自分たちで放射性物質の測定基準を決めないとダメだよ」。プロジェクトには、そのような意見が寄せられるようになった。

当初は福島県以外の食材を使い加工品を作っていたが、外郭団体の支援を受け、事務所の隣に「あぶくま放射能測定所」を設置、弁当の放射性物質を測るようになった。国の放射性セシウムの基準は食品が100ベクレル／kg、チェルノブイリ原発事故後のウクライナの食品基準が40ベクレル／kgであるのに対し、プロジェクトは独自に20ベクレル／kgの基準を設定し、それを下回るもののみ販売する。

「私たちは被災者だけれど、商品を出すとなれば生産者としての責任が生まれる。もしかしたら（基準値を上回る放射性物質が）出るかもしれないという覚悟の上で作るというギリギリの選択だった」と渡邊さん。福島大学の塩谷教授は「より精密な測定器（ゲルマニウム検査機）を使っても、現在は10ベクレル／kgを超える場合はほとんどなくなってきた。それを消費者の方にどう伝えるか。この数字を限りなくゼロに近づける取り組みが大事なのだと思う」と話す。

終わりなき挑戦の始まり

福島市松川町の「あぶくま茶屋」。13年11月、朝もまだ明けきらない午前6時過ぎ、厨房に白い割烹着に帽子、マスク、調理用ビニール手袋姿のかーちゃんたちの声が響く。

「昨日、お弁当の注文が200個入ったよ」「松川の仮設住宅は、いつもの注文ね」「カロリー調整の弁当もあるから、間違わないで」。30～70代の10人ほどが、てきぱきとおかずやごはんの調理に取りかかった。弁当班はプラスチックの弁当ケースを並べ、味噌チキンカツ、サトイモとイカの煮物、おから炒り、春雨サラダを次々に仕上げていく。

「補助金や支援はずっと続くわけじゃないし、事業もまだまだ課題はあるよ。でもみんないろんな夢があるの。私はいいたて雪っ娘づくり。その夢は、原発事故を理由にあきらめられるものじゃないの」。忙しく手を動かしながら、渡邊さんが言う。

厨房の奥では、キムチ作りが始まった。3～4人が、大根の水洗いと皮むき、ニラ刻みに入った。シャッ、シャッ、シャッ。リズミカルな包丁の音が、新鮮なニラの香りと朝の寒さと交わって厨房に広がっていく。朝焼けの太陽が窓から差し込むと、いつものかーちゃんたちの朝が始まった。

（表記は掲載時のまま）

＊かーちゃんの力プロジェクトは、飯舘村が帰還困難区域を除いて避難解除になったことを受けて、17年5月末に解散した。メンバーそれぞれが地域で活動を続けている。

お弁当やキムチ作りなど、調理場で働く「かーちゃん」たち

第2部

能登

元日の大地震 それ以前、その後

2024年1月1日の午後4時10分、石川県の能登半島の地下16キロを震源として、マグニチュード7・6の大地震が発生。

輪島市や羽咋《はくい》郡志賀《しか》町で最大震度7、珠洲《すず》市や七尾市、穴水町で震度6強を観測。揺れによる建物の倒壊や道路の寸断に加え、輪島市などでは大規模な火災が。また、珠洲市や能登町では地震直後に4メートルを超す津波が押し寄せ、家屋の流失も。

北東から南西にのびる活断層が約150キロにわたりずれ動き、北岸広域で4メートルの地盤隆起が起こった。

さらに9月21〜23日には豪雨が襲い、20の河川が氾濫。方々で土砂崩れが起きたり、仮設住宅が浸水するなど、二重の被災となった。

能登半島
日本海
珠洲市
震源
輪島市
能登町
穴水町
石川県
志賀町
七尾市
中能登町
羽咋市
宝達
志水町
氷見市
かほく市
津幡町
高岡市
富山県

Noto

海女

早瀬千春さん（輪島市海士町）

伝統の漁とウェットスーツ輪島の海女たち

奥能登（能登半島の先端部）を中心にした地域では、さまざまな被害が発生。
伝統的な漁法を口伝で継承し、実践している海女の早瀬さんも被災した。

大きな被害を受けた輪島の漁業、海女たち

約130人の輪島の海女《あま》の1人、早瀬千春さんに初めて会ったのは、地震から約3カ月後の2024年4月だった。早瀬さんは自分たちの漁師町「海士町《あままち》」の輪島漁港の前で、海を背にしてすっくと立っていた。海風に揺れる長い髪と、健康的に日焼けした肌、度胸が座った落ち着いた目、そして要点を突いた話しぶり。

「ああ、こういう人が海女なのか」と、私は初めて会った海女という海びとに、心動かされた。そしてこれ以降、季節が巡るごと、また同年9月の豪雨災害後も、早瀬さんを「船先案内人」として、輪島の海女たちの被害と生活の様子とともに、海女の歴史や文化、貴重な漁の技術、輪島の自然環境などを知ることになる。

女性は「海女」、男性は「海士」と書く。「輪島の海女漁の技法」は、世界農業遺産（GIAHS）に認定され、国の重要無形民俗文化財にも指定されている。

能登半島地震は、人々の生業、生活、文化や地域社会に至るまで被害を及ぼし、漁業もその1つだった。

自宅が全壊、車中泊と親族宅、そして仮設住宅へ

元日の地震の直前まで、早瀬さんは毎年のように、元日に集まる親戚に振る舞う食事を作っていた。一族は海女、漁師、釣り船の営業など、ほとんどが海に関わる仕事に就いている。家族が助け合って仕事をしていくのが当然であり、親族の数も多く、お互いの結束は非常に固い。

早瀬さんの自宅は、輪島漁港へも、輪島朝市通りへも、歩いて数分という漁師町にある。最初の地震がきた直後、火事にならないようすぐにコンロの火を止めた。続いてきた2度目の地震では、立ち上がれないほどの揺れに襲われた。家の内壁が壊れ、階段から空が見えた。家は全壊だった。幸い、夫も子どもたちも家族全員が無事だった。余震が続く中で、一旦、近所の建物へと避難した。その建物の3階の屋上から輪島朝市通りが真正面に見えた。ものすごい音がして、朝市通りが激しく燃えていた。魚介類や輪島塗を売っているお店が立ち並び、観光客で賑わった商店街は炎に包まれていた。その様子を早瀬さんたちは無言で見守ることしかできなかった。「指定された避難所で過ごそうかと行ってみたけれど、人が多くて居られる状態じゃなかった。仕方なく車中で1泊して、その後、義兄の家に家族全員で避難した」

義兄は光浦《ひかりうら》という海岸に面した地域で暮らし、やはり漁業を営んでいた。早瀬さんの甥も同

じ光浦で暮らしていた。約半年間、その光浦の家に身を寄せたのち、近くの仮設住宅に移った。ところが9月には、大雨と洪水が発生。早瀬さんとは別の仮設住宅で暮らしていた義兄一家がその洪水の被害に遭い、早瀬さんたちの仮設住宅に一時避難してくるという出来事もあった。早瀬さんの娘は、海女を継ぐということで新聞でも取り上げられるほど話題になったが、地震の後の状況から判断して金沢市内に避難し、そこでアルバイトをしながら、海女の仕事が復活する時期を待っている。

漁業施設も甚大な被害

4月、地震直後と変わらない状況の輪島漁港を歩きながら、早瀬さんは漁協の施設の被害を説明してくれた。海底や岸壁が2メートルも隆起（輪島市門前町の漁港は4メートル）したため、船が港を出入りできない状態になった。また、漁協の建物を始め、埠頭や荷さばき場、製氷機、冷蔵庫、生けす（大型水槽）、給油所、コンテナを運ぶ通路や海水を循環させる機械、船を係留させる施設など、施設や設備のほとんどが壊れていた。

海女たちも大きな被害を受けた。4月、家が壊れたり、住んでいる地域で地滑りや山崩れが

海岸の隆起で、海女たちが乗って沖に出る船も壊れた。港には係留されたままの多数の船が（輪島漁港）

起き、輪島市内の別の場所、あるいは県庁所在地の金沢市まで避難した人もいて、海女の仕事を再開する目途が立っていなかった。この頃、「漁をしようにも出港できない。仕事がなく、補助金もなく、生活が大変になってきている」と早瀬さんは表情を曇らせた。

その後、港の施設は浚渫《しゅんせつ》（海底の土砂を取り除く）工事や、魚の荷揚げのための仮桟橋の建設が整備された。地震で隆起した海の状況を調査する仕事、沿岸のごみを回収する災害復旧事業、ウニやヒトデを駆除して海藻資源を保護する仕事などが海女に発注され、早瀬さんも海に入る回数が徐々に増えた。

この調査を経て、7月には1人当たりの採取量を制限するなど、試験的ではあるが海女のもずく漁が再開した。また、9月には刺し網漁の試験操業が始まり、早瀬さんの義兄も漁に参加。甥の早瀬優さんも、釣り船の運航を開始した。

輪島の伝統的な海女漁

輪島の伝統的な海女漁はウェットスーツと潜水ゴーグル、足ひれ、手袋などを身につけ、道具を持ち、約10～20メートルの海中へ潜っていき、魚介を採る。伝馬船に乗って、能登半島の北沖「外海《そとうみ》」に点在する島々へ向かい、海に入って漁をする。ほぼ年間を通して漁ができ（10月のみ休漁）、アワビ、サザエ、ナマコ、イワガキ、ワカメ、イシモズク、岩のりなど、季節や環境、漁場に応じて多彩な魚介類が捕れる。

輪島漁港から50キロ沖にある舳倉島《へぐらじま》、輪島沖約23キロの七ツ島《ななつじま》（大島や御厨島、荒三子島などの小さな群島で形成）、嫁礁《よめぐり》を漁場とする。この島々は複雑な岩礁で、海流も速いという特徴があり、25メートルもの暗くて深い海底へ、酸素ボンベも使わずに素潜りする漁には、当然ながら危険も伴う。トンネル状の岩礁の奥に入り込んで出口が分からなくなったり、突然にサメや大ダコと出くわしたり。

人間がその目、その体、その両手を使って海の生き物を人間の食のために採取する海女漁は、シンプルなようだが、実は独特で高度な技術を必要とするダイナミックな漁だ。何より、日によって違う天候、場所によって異なる海の中の地形、無数の生き物たちを相手に、何百通りもの状況に適応し、先を読んで判断することが求められる。

もしも危険な状況に遭った時にはどうしたらいいか。その技術、考え方、行動の仕方など、必要な要素は、はるか昔の先祖からの伝承によって、早瀬さんたち現代の海女たちの中で、確かに息づいているのだ。「漁の仕方や技術だけでなく、危険を避ける方法、海の環境への対応、海の資源の保護などを、先輩の海女が後輩の海女の前で実際にやってみせて伝えてきた。実際に一緒に海に入ることで、漁を伝える方法が中心です。それがずーっと続いているのです」

早瀬さんが話してくれた漁の中で、非常に興味深かったのが冬場の岩のり漁だ。天然の岩礁にへばりつくように生息しているのりを採取するために、海女たちは冬場漁船で向かい、漁船から岩場へ泳ぎ渡る。岩場では、岩に張りついたのりを素手ではがす。はがしやすいように爪を伸ばし、丁寧に慎重に、凍える手ではがし取る。時に岩で手を傷つけることもあるが、先祖から伝えられた漁法は変わらない。

「板状に加工する時も、うちの漁師町の作り方は絶対にのりを殺さない方法。その作り方は、海女が後輩に漁を伝えていく方法と一緒」と、早瀬さんは語る。この伝統製法で商品化された

上／隆起で壊れた漁港施設を指さす早瀬さん
下／輪島市の光浦海岸の隆起

天然の岩のりは、非常においしく、すぐに売り切れてしまうほどだ。

だが、これまでの調査で、沿岸の「のり畑」と呼ばれるのりが生着する岩場も隆起し、また土砂の影響を受けていることが分かっている。「岩礁の隆起だけでなく、地震や大雨の災害の影響で、山や川の土や泥が海に流れ込んでいる。この影響はとても深刻。海の環境を激変させているし、魚にも影響している」。海の環境が戻るには相当の時間が必要だとも語る。スマートフォンで記録した海底の様子を見せてくれた。

話はしぜん、地震前の海の様子へも及ぶ。早朝の漁場で見る美しい朝焼け。岩の上で「ひなたぼっこ」をしている大ダコの姿。浮き輪のへりに止まってさえずる鳥たち。サザエが一列に並んで岩の間にいる様子。

ウニは雑食でなんでも食べてしまうため、海中のごみのロープやプラスチックの製品を食べたウニを試食してみるとプラスチックのような味がすること。貝の殻はカルシウムなので、畑など土壌改良に役立てる利用方法を検討してみたらいいのでは、というアイデア。そして、海から見た悲しいまでの沿岸の土砂崩れと、その土砂が流れ込んで黄色に濁った海水の様子。

早瀬さんの話は、まるで海と対話してきたかのような内容で、その経験知の豊かさに、ワクワクさせられる。同時にその海への関わりが地震により希薄になってしまったこの1年が、早瀬さんにとってどんなに長い時間だったことかを痛感した。

災害を契機に歴史的なつながりが深まる

「輪島の海女漁は日本でも古く、約450年前に九州から伝えられた歴史があります。それが今はまったく漁ができない。先が見えないのが、一番不安です」と早瀬さん。そのルーツは、平安時代の福岡県宗像市鐘崎《かねざき》の「鐘崎海女」、そして輪島沖の島々で1000年以上も前に素潜り漁をする人々がいたという歴史だ。

鐘崎では平安末期から海女の漁が始まり、その海女たちが季節ごとに日本海を北上し、漁を伝えていった先の1つが輪島だ。この他にも各地で漁をして、その地に定着して漁を広げることになった海女もいる。早瀬さんは「今回の地震で、全国の漁業関係者、そして宗像大社からも義援金が届いた。宗像大社とは先祖のつながりで、いまだに交流があるんです」。今回、地震により多くのものが破壊され、甚大な被害を受けた。

しかし、同じルーツを持つという歴史と伝統のつながりが、この地震により義援金という支援の形を取って、より深まった。早瀬さんの言葉には、海女の、そして海びとたちのルーツへの誇りがにじんでいる。

ウェットスーツ製造を再開

早瀬さんは、同じ輪島市内にある実家を作業場として、仲間の海女や海士のためにウェットスーツを作る仕事もしていた。実家は高台にあったが地震のために中規模半壊、室内にあったものが縫える特別なミシンも壊れ、発災とともに作業ができなくなっていた。

このウェットスーツ製造も、海女の仕事を行う上で重要な地場産業になっている。1人ひとりの海女の体形を実際に測り、本人の要望も取り入れながら、型紙を作る。生地を仕入れ、漁に間に合うように特別なミシンで縫製し、試着してよりフィットするようになど微調整も行って完成させる、「完全オーダーメード」が特長

作業場でウェットスーツの手入れをする。再開を願って

だ。自身も海女である早瀬さんだからこそ、どうすれば動きやすいか、快適か、安全か、命と仕事を守る最適なウェットスーツ作りへ、人一倍強い思いを持って製作に当たってきた。それだけに、海女漁ができなくなったこと、付随して製造ができなくなったことは、早瀬さんを落胆させた。

案内された作業場で「これが何よりも宝物」、そう言って見せてくれたのが、プラスチックのケースにぎっしり詰まったウェットスーツの型紙だった。型紙が入った茶色い袋を見ながら、そこに書かれた海女や海士の名前をめくり、その人たちの顔を思い浮かべるように見つめる早瀬さん。幸い、その後、特別なミシンを得ることができ、縫製作業は再開した。実際には海女の仕事は完全には再開できていないため、修理の仕事が中心だ。ただ、同じく海女漁が盛んな三重県からの注文が入ったり、外注も含めてウェットスーツ地のパーカーの注文などもあり、少しずつ仕事が入るようになってきた。

また、かつて早瀬さんが「全国海女サミット」へ、海士町の海女を代表して参加した関係から、海女や漁業関係者とのネットワークが広がっている。24年4月には都内で開かれた「第32回マリンダイビングフェア2024」で輪島の被害状況を報告したり、取材に応じたり。

輪島の漁業、海女業には、そこから派生し連携する1つひとつの重要な産業がある。魚屋、干物屋、行商、観光業、ウェットスーツの製造……、海の自然と恵みを生かした歴史的な地場の「スモール・ビジネス」が、重層的な厚みをなして、輪島全体の伝統産業、経済、暮らし、文化、人と人のつながりなど、地域全体を、世界でここにしかないユニークな社会として形作っている。現在も大地震の影響は甚大で、人と人とのつながりや、地域独特の地場産業、少人数で行っている事業やコミュニティなど、目に見えないものも含めてさまざまなものが壊れかけている。しかし、お互いの支援の輪は確かにあって、海女たちや漁業者たちのネットワークが切れないように、必死に踏ん張っているように見えた。

海女や漁民の生活、生業の復活のために

地震から間もなく1年を迎えようとしている24年12月、現実の問題としてはまだまだ困難が続く。早瀬さんの甥の優さんは幼い子どもと妻と暮らした光浦の自宅が、裏山の地滑り被害に遭った。裏山に面した窓に土砂が押し寄せ、一部は家の中に押し寄せた。仮設住宅に避難しようと輪島市に連絡、調査にもきてもらったが、「家の反対側まで土砂が突き抜けないと半壊と認定できない」（半壊以上が仮設住宅への避難や補助の対象となる）と言われた。家屋の全壊・半壊などの被害判断は、その建物自体の状況で判断されるため、「土砂が窓まで押し寄せている。

また地震や大雨で被害が出そう」という実態は反映されにくい。このため優さん夫婦は独自に判断して、妻と子は地元輪島市の実家へ、優さんは光浦に残って避難生活を送っている。

紋切型の建物被害の判定には、市民からも疑問の声が寄せられている。家の一部が壊れたまま半壊未満（準半壊などで「住める」とされた建物。仮設住宅に入居できない）で暮らす人もいる。家を含めた周辺の地滑りの可能性など危険な実態の全体を見ないで、土台や柱、壁の状態だけからの建物診断による避難対象の制限は、さらに市民を追い詰める。「復旧、復興のために頑張れ、頑張ろうという掛け声はあるが、これ以上、どう頑張ればいいのか」と、優さんも行き場のない憤りを言葉にする。

海女の仕事が完全に再開できるのはいつか、見通しが立たない。海女たち、そして漁民たちも、今後の生活への不安は依然として拭えない。そのような中で、高齢化も相まって、海女をやめてしまう人も出てくるかもしれない。1人ひとりの海女の中にある貴重な技術や伝統、そして地域ぐるみの生業を軸としたつながりや支え合いは、今後どうなってしまうのだろうか。みんなが戻ってきて、安心してまた漁ができる日はくるのか。そこに向けて進んでいっているのかさえ、見えてこない。これほどの大地震で、自力での再建にも限界がある以上、地震前の輪島の漁業を取り戻すための国や県、自治体などの支援も必要だと率直に感じる。

圓龍寺住職
塚本真如さん（珠洲市）

被災の現実を伝えたいと対話し続ける

孤立集落となり、寺は全壊。
家族も被災する中、
塚本さんは人々の声に耳を傾け、
数十年貫く反原発への思いをさらに強くする。

地震で寺が全壊、妻がヘリで運ばれ金沢の病院に入院

塚本真如《まこと》さんは1月の能登半島地震、そして9月の大雨被害をまさに生き延びて、地元・高《たか》屋《や》に建設された仮設住宅で妻と2人で生活を送る（2024年11月現在）。

仮設住宅を訪ね、話を伺っていると、ひっきりなしに「支援物資が届いたからどうぞ」「おにぎりは食べるかい」と人々が訪れ、笑顔で帰る。みんなが高屋に戻ってきた塚本さん夫妻と会うのが楽しいといった気持ちが、側にいる私にも伝わってくる。

塚本さん夫妻、そして圓龍《えんりゅう》寺も、1月の地震で甚大な被害を受けた。生活の場である庫裏《くり》に妻といた時、最初の揺れがきた。「僕はいつもの習性で本堂へ、仏様が立っているか見に行った。ああ、仏様は立っていてよかったなあと思った」。すると先ほどよりも強い地震がきた。「仏様はずっと立っていらっしゃったが、今度は僕が立っていられない。ほとんど腹ばいになっている状態で、本当に長く感じた」と言う。本堂は全壊で、庫裏も潰れていた。

角材や板に足を挟まれた妻をなんとか引っぱり出した。車も建物で潰れている。しばらくして周囲の様子を見ると、県道まで車が数珠つなぎで大渋滞している。聞くと、「大津波警報が出て、避難している」という。警報が出ているのは知らず、歩くのがやっとという妻とともに、

近所の人の車に乗せてもらい、数日間、車中泊をした。

地震がなければ、遠くの都会に出てしまった子どもや兄弟たちとともに、家族みんなで正月を過ごしていたはず。各家庭では、帰省した親族たちをもてなす料理がたくさん残っていた。そこで、高屋の中心部に地域の人たちが正月料理を持参して集まり、みんなでその料理を分け合って数日を過ごした。

地震によって高屋地区は他地域との道路が寸断され、孤立集落になっていた。1月3日に、初めてヘリコプターが飛ぶことになり、前年に大腿骨を骨折、そして今回は倒壊家屋に足が挟まれ、下敷きになった妻は、もう1人の高齢の女性、妊婦さんとともにドクターヘリで金沢市内の病院へ。塚本さんは高屋に残って12日まで過ごし、その後、自衛隊により救助され、石川県の山代《やましろ》温泉の旅館で避難生活を送った。7月になって、高屋漁港に建設された仮設住宅へ入居した。

大地震の後、山代温泉に避難するまで、携帯がつながらず情報が入らなかった。数日して自衛隊が入ってくると、隊員に服用している薬について同じことを何度も聞かれ、何度も処方箋を見せた。しかし、実際に手に入ったのは、自衛隊の手配で避難移動する数分前。「たった8人の隊員でも、薬の情報がすぐには本部に伝わらないものなのか」と驚いた。

塚本さんが住職を務める、珠洲市高屋町にある圓龍寺の庫裏。地震で崩れた

高屋の温かさを求め、避難先から戻る人々

その後も、塚本さんのもとへは大変な避難体験が寄せられた。ある人はたった1本のペットボトルの水がほしくて、2、3キロ先にある同じ珠洲市内で物資が届いていた地区まで徒歩で行った。ところが到着すると、「他の地区の人だから水はやれない」と断られたという。

塚本さんが山代温泉のホテルでロビーに座っていると、高齢の男性が声をかけてきた。94歳だという。高齢のため目が不自由で、わずかに残る視力で、相手の服の柄で誰なのかを認識していた。男性は1人でホテル住まいになった寂しさを語った。次の日、塚本さんがロビーにいるとまたその男性がきて同じ話をした。また次の日も、そして別の日も。塚本さんの服が変わったので、別の人だと思って話しかけていたのだった。

避難生活が長引き、畑仕事もできない毎日に「土を触らんと生きていけない」と語る夫婦もいた。

「復旧・復興でインフラ整備が叫ばれるが、インフラというのは電気や水や電話が復旧して完備した、ということだけではなくて、話ができる相手がいること、土いじりができること、それも重要なインフラだと思う」と塚本さん。そして、能登は土までも優しいという意味で、〝能登はやさしや土までも〟という言葉がある、と教えてくれた。多くの高齢の住民が避難先で「高屋に戻りたい」と語り、実際に高屋地区の仮設住宅に戻ってきているのは、自らが居るべき場所、居てもいいと受け入れてくれる地元の人々の温かさを求めてのことではないか、と私には思えた。

送られたたくさんの感謝

「塚本さんや高屋の皆さんが珠洲原発計画中止のために動いてくださったおかげで原発災害

地震で崩壊した寺と住居

にならずにすみました。ありがとうございました」。塚本さんの反原発運動を知る人々から、地震後、多くの感謝の電話がかかってきた。また、感謝状を送ってきた団体も複数ある。

「もしも原発が立っていたら、被害は能登半島だけとか、そんな狭い範囲ではすまなかったと思う。北陸3県を越えて、中部地区は全部ダメだったと思う」と塚本さんは話す。

いつか、地震がくるかもしれない――そんな予感はあった。前年の5月に地震があり、庫裏の屋根の一番上の部分が飛んだ。「地震は収束に入っている」と言う学者もいたが、「また絶対に地震がくるから、直さないでおこう」と修理をせずにいた。その判断は正しかったと言っていいのだろう、次の1月に大地震がきた。

高屋地区を含め外浦の人々は、半島の突端の山と海が近接したわずかな平地か、高台で暮らしている。避難経路も限られており、大地震が発生したら山崩れが起きて土砂が押し寄せたり、道路が寸断して、孤立集落になることは以前から明らかだった。それだけに、住民は、地震の兆候に対しては非常に敏感になっていた。

塚本さんは、「能登地方の家の屋根はトタンではなく重い屋根瓦。前年5月の地震で家が弱っていたところに今回の地震がきて、瓦の重さでひっくり返るように倒壊してしまった。1964年に新潟地震が起きた時の経験から、棟瓦を1枚に減らすなど工夫はしていたけれど」と言う。

現場を見て復旧計画を

塚本さんは、被災現場を見ずに復旧事業が進められているように感じている。「本来なら、熊本地震、東日本大震災のように、臨時国会を開いて補正予算を組んで事業を実施すべきだが、能登は予備費での対応。『年寄りが多く、限界集落ばっかりで、何億円も注ぎ込む価値がない』と見ているのではないか」と指摘する。

かつて「現場を見ない役人の机上作業」を体験したことがある。高屋漁港の整備の際、国交省は高さ6メートルぐらいの堤防を築き、その外の海側に1基20トンの消波ブロックを入れた。ところが冬、日本海の外海は人間の想像を超えた波の荒さになる。20トンの消波ブロックは、激しい波に打ちつけられてスポーンと5、6メートルほどの高さの上空まで上がり、防波堤の内側へと入ってきた。その後、消波ブロックは重さ60トンのものに代えられたが、「偉い役人が机上で計算しても、実際に現場にこなければ、冬の日本海の波の荒さ、厳しさは分からない」と塚本さんは指摘する。

能登半島地震の前、山の木々を背景に建つ圓龍寺
写真提供／いずれも塚本さん

「現場に足を運ぶこと」の重要性

「現場に足を運ぶことは重要だ」と言う塚本さん。その言葉には、反原発運動の際の教訓が込められている。

高屋で原発の計画が浮上した今から50年ほど前、まだ30代だった頃は「原発はダメだ」という程度の問題意識しかなかった。僧侶として京都の東本願寺に毎年行っていたが、その際に、福井県の敦賀、美浜の原発が林立する地域を通り、その先々で地元の人から直接、原発の話を聞いた。

興味深いことに、複数の人と一緒に会っても誰も意見を言わない。ところが1人ひとりに個別に会って話を聞くと、ボソボソと本音を話し出した。何度か通ううちに、敦賀市の僧侶で反原発運動に携わる立花正寛さんに出会う。立花さんは「長い間坊主をやっているけれども、がん患者以外の葬儀はしたことがない」と語った。立花さんは夜、門徒さんたちから話を聞く機会を設けてくれた。すると、彼らは次々に「うちの息子が取られてな」「うちの息子も取られた」と悲しげに語った。「取られた」という意味を尋ねると、「電力会社に息子が殺されたという意味だ」と打ち明ける門徒さんたち。

人々の生きた言葉に触れることは、自らの責任を痛感する学びでもあった。そして、本格的に「原発に反対しなければいけない」という決意を固めた出来事となった。さまざまなことを教えてくれた立花さんも、がんのために亡くなった。

原発反対を貫く意志

福井の反原発運動の人々から多くを学び、塚本さんも珠洲原発の反対運動へ。塚本さん夫妻も、高屋にきた全国各地の反原発運動の人たちを拒まず受け入れた。その人数は実に年間150人以上。圓龍寺に泊まってもらい、食事を提供した。反原発といっても、いろいろな人がいた。多くは一生懸命、ビラまきなど反原発の住民の活動に参加し、支援してくれた。ところが中には「応援にきてやった」という態度の人、「海岸で泳ぎたかった」と半分遊びのような人もいたという。

推進派による住民への懐柔策も激しかった。電力会社は過去の「成功ノウハウ」を生かして、「地元では飲むな」と、地域外の輪島市や七尾市へ住民を連れ出して飲食を振る舞い、金をばらまいた。予定地の売買価格を釣り上げて、売却するよう地権者に迫った。電力会社の関係会社の社員が何度も塚本さんの寺に足を運んだが、一度も寺の中に上げることはなかった。

75軒ほどあった世帯のうち、はっきり賛成、反対を明確にしていたのはそれぞれ13軒。あとは意見を発しなかった。気持ちは反対であっても、賛成派の議員のポスターを室内に貼らなければ村八分になる地区もあった。

「結局、最後まで僕ら（反対派）は、なびかなかった。特に女性は強く、電力会社は『男が反対しても怖くないが、女性が反対するのは怖い』と言っていた」と塚本さんは回想する。

最後まで頑張ることができたのは、寺を継ぐ時に、法学者の父が「強いものの味方をしたら坊主じゃない。迷ったら常に困難な方を選べ」と言ったその言葉、そして親鸞の言う「浄土

（平和な世界）を願って生きろ」という言葉が、心の中に生きていたからだ。

地元住民の原発推進派への態度についても福井から学んだことが大きい。「福井原発を推進している人は事情があって推進しているのだから、その人のことを悪く言ってはいけない。しかし原発は悪いと言い続けないといけない」ということだ。塚本さんたちはこのことを珠洲原発計画中止運動でも実践した。計画が中止されると、高屋地区では推進派も反対派もすぐに元のように仲よくなれた、という。

福島の子どもたちを受け入れて

2011年の夏、福島の子どもたちにせめて夏休みを満喫してもらおうと、全国の真宗大谷派の寺が4、5日間の受け入れ保養事業を行った。もちろん、塚本さんの圓龍寺も参加した。最初は4～6人を受け入れる保養事業が5年ほど続いた。子どもたちを海岸に連れて行ったり、高屋の自然に触れさせたり。ほとんどの子が毎年参加するようになり、塚本さんは「石川のじいちゃん」と呼ばれて親しまれた。妻も「いい子たちばっかりだった」と話す。

子どもたちの表情を思い浮かべるたびに、原発事故後の福島がこれからどうなっていくのかと、気がかりになる。「放射性廃棄物などの中間貯蔵施設が永久貯蔵施設になる可能性は大きい」と、塚本さんは言う。

なかなか進まない能登や福島の人々の生活再建——そこに、現実に起きた出来事が忘れ去られていく危険を感じている。「広島県で、広島に原爆が落とされたというのを知らない子どもが4割もいるというニュースを見た。歴史が伝えられていない。能登も福島も地震が起きているのに、こうした出来事が伝えられない、知られないことで、被災者が見捨てられたような状況になっている現状がある」

だから、今も塚本さんは反原発運動が盛んだった頃のように、内外から訪れる人々を快く迎え入れ、対話を重ねている。議論を重ねることは、お互いの人格を尊重し、生かすことだ、と。それはひいては能登や福島、広島で起きた平和とは反対の歴史や出来事が「殺されない」ようにすること。塚本さんにとって、それは平和への道を歩み続けることなのだ。

元教師・歌人

砂山信一さん（珠洲市）

珠洲の海の美しさをともに守りたい

震災から11カ月。45年住み続けた、人生の詰まった自宅は倒壊、今は更地になった。大きな喪失感とともに、ふるさと珠洲への思いは深まり、歌われる。

食器棚の隙間から脱出

2024年11月、1冊の歌集が再版された。歌集『珠洲の海』（いりの舎）。著者は元中学校理科の教師で半世紀以上も石川アララギ系歌人として創作を続けてきた砂山信一さん。歌集の題のように、珠洲市蛸島《たこじま》町で珠洲の海を見ながら育ち、海とともに暮らしてきた。元日の能登半島地震で自宅が全壊し、前年に私家版として発行した歌集も倒壊家屋の下で「がれき」となった。その現状を知った「新アララギ」代表の雁部貞夫さんが、歌集出版社「いりの舎」の玉城入野さん（浪江町出身の歌人・三原由起子さんの連れ合い）へ働きかけ、再版にこぎつけた。

蛸島地区は珠洲原発が計画された当時、漁協を中心に女性たち、住民たちによる反対運動が強固だった地域だ。砂山さんも教職員組合の書記長を務め、反原発運動に加わった1人。歌集には、原発反対運動を巡る歌も多数、発表されている。地震発生直後から蛸島小学校体育館や旧蛸島保育所へ避難し、24年4月6日から旧蛸島中学校グラウンド跡に建設された仮設住宅で妻美智子さんとともに暮らしている。

巨大な地震は突然にやってきた。元日の午後、自宅の台所で美智子さんと向かい合って座っている時に2度の大きな揺れ。倒れてきた部屋の壁につっかかるように食器棚が倒れ、奇跡的に生まれた空間から、危機一髪脱出した。玄関も当然壊れて入れず、靴も取り出せないままに、スリッパで近くにある町唯一の避難所である蛸島小学校へと避難した。そこには、住民の他、正月で里帰りしていた人たちも含めて約４００人が詰めかけていた。余震が続く中で過ごした。

体育館に地震避難せし四百人カイロ貼り毛布着ストーブに寄る

（『珠洲の海』）

「がれき」になった歌集と選歌ノート

砂山さんはほぼ毎日、仮設住宅から10分ほど歩いたところにある全壊した自宅へ通い、取り壊し工事を見守った。10月24日に開始し、11月14日の木曜日に完全に更地になった。１９７７年に小松市から故郷・珠洲に戻り、その翌年に建てて以来、45年間住み慣れた家だった。自分の家の柱などが傾いて隣家の敷地まで入っていたため、早く解体作業をしてもらいたいと思ってはいた砂山さんだったが、気がかりがあった。１００坪の敷地に80坪という大きな家の各部屋に大切なものが置いてあった。まずは、私家版で出版した歌集の残部50部が座敷にあった。仏壇の真ん中には曽祖父が大事にしていた高さ80センチほどの「美男子の阿弥陀様」

地震の約半年後から、蛸島地区の学校グラウンド跡の仮設住宅で暮らす
砂山さんと妻美智子さん（2024年12月）

が今もいるはずだった。家の見取り図を描いて業者に渡し、「ここにこれがあるから」と指示したものの、結局、その2つの大切なものは取り出せなかった。取り出せたのは、砂山さんが描いた油絵5点、人からもらった掛け軸5幅だけだった。2階の書斎にあった「選歌ノート」5冊のうち3冊は日本財団のボランティアが見つけてくれたが、残り2冊は結局見つからなかった。「地域の人で何も取り出せなかった人もいる。少しは取り出せたのだから」と思ってはいるが、それぞれの品を巡る思い出や自分の気持ちがよぎることもある。

砂山さんの言葉に私は、飯舘村の高齢女性の言葉を思い出した。放射能に汚染された田畑で除染作業があり、取り除かれた土が黒いフレコンバッグという袋に入れて置かれていた様子に、「あの中にはごみが入っているのではない。宝物が詰まっている」。農家として長年耕した土は肥よくで、暮らしと生業を支える「宝物」だった。他人から見て「災害がれき」であったとしても、暮らしや人生、思い出が詰まった物たちは決してがれきではない——。福島に通じる被災者の思いが胸の中に響いた。

健康に不安を持ち続けた青春時代、そして歌と出会う

砂山さんは青年期から体力がないことに悩んでいた。175センチの身長で体重は50キロ未満、小学校の時からあだ名は「ガイコツ」。幼い頃はそれでいじめられたこともあった。金沢大学に入学した頃、同大学医学部に入った高校の友だちから水泳を勧められ、泳ぐうちに体力がついた。「今、75まで生きていられるのも彼のおかげ」と感謝の気持ちがわいてくる。

一方で、当時のプールの塩素が強く、ゴーグルなしで泳いだために視力が低下し、「牛乳瓶の底のようなめがね」をかけての生活。それもまた健康不安の1つとなった。「このままでは目が見えなくなるかもしれない。でも視力が低下しても生き生きと生活していく方法はないか」と考え、悩み、模索した。版画家棟方志功の作品や生き様に触れ、憧れた。

そして自ら答えを探す中で、実家の浄土真宗の教えを知りたいと法話を聞きに行くようになった。視力の低下に悩みながら僧侶で歌人の暁烏敏《あけがらすはや》を知る。金沢大学には寄付蔵書の「暁烏文庫」があり、構内には、晩年失明した暁烏の柔和な写真が貼ってあるのを見つけた。「鑑真和上のような柔和な表情。自分はいずれ失明したらどうしようかと思ったが、失明してもこんな柔和な顔でいられるのか」と光明を見る思いだった。

それから『歎異抄』を聞く会など講演会に参加したり、僧侶を訪ねて話を聞いたり、学習を重ね、大学を卒業した年の秋に石川アララギ歌会に入会。ある講演会で真宗大谷派の僧侶で仏教学者の児玉暁洋《ぎょうよう》さんが「私たちは、歴史的社会的な存在である。歴史的社会的存在としての自己を実現せよ」と話した言葉が強烈に残った。

そして75年10月に新聞で、故郷の珠洲に原発建設構想があると知らされた時、小松市の中学校に勤務していた砂山さんはとっさに「ああ、これは怖い。早く珠洲に帰って、原発を止めるために運動をしなければ」と思った。その2年後、希望がかない珠洲市内の中学校に転勤。石川県教職員組合珠洲支部で書記長を務め、反原発運動に取り組んだ。

「当時は原発について全く分からない状態で市民運動も起きていなかった。まずは原発の仕組みから勉強しようと久米三四郎先生や高木仁三郎さん、一人芝居の愚安亭遊佐さんらを招いた。ここで学び、体験できることが楽しかった。正院町、飯田町、蛸島町など、地域ごとに市民グループや団体もできて、各地の持ち回りで集会や勉強会を開き、やがて各団体が参加した『珠洲原発反対ネットワーク』ができた。たくさんのいい人に囲まれて過ごした青春時代だった」と、振り返る。砂山さんは6年間「珠洲原発反対連絡協議会」の事務局長をし、住民らと一緒に原発計画白紙化を実現。それぞれの会は解散し反原発運動は終わった。

美しい海を奪おうとする原発、人間の醜い欲への怒り

原発反対派として行動した砂山さんは当時、活動を含めた折々の出来事や、絶対に失ってはならない珠洲の海の美しさを、歌の中に込めた。

申請人我を呼び出し威圧するミスター原発何ほどの男
（『珠洲の海』）

「ミスター原発」とは、原発推進派の当時の珠洲市助役。計画に先行して土地の買い占めを行ったり、反原発の集会を開く準備をしている砂山さんたちに突然呼び出しをかけるなど、妨害行為も行った。「権力を傘にした振る舞いのもとで、心優しい地元の人たちは虐げられ、い

じめられていることへの怒りがわいてきた。負けてはならんという気持ち」を歌にした。

　緑剛崎《ろっこうさき》から西寄りの外海側を「外浦」、能登湾から富山県側を「内浦」という。外浦には水田にできるような平らな土地がないため、戦前は多くの人が満蒙開拓団で満州に渡り、大変な苦労をした。馬緤《まつなぎ》の春日神社には満蒙開拓団で渡った人の銘碑が残るが、名前を公表したくない人の部分が削られている。貧しいがゆえに苦労し、虐げられた思いが地域には残っている。

　その苦しい歴史が「原発という権力につながっていれば、少しはよい思いができるのでは」ということにつながってしまうのでは――と砂山さんは推測する。砂山さんが大谷中学校で教べんを執っていた頃、馬緤地区で、住民のみんなが楽しみにしていた砂取節《すなとりぶし》祭りが開かれた。夜7時から始まるため、少し早めの午後6時ぐらいに会場に行くと、お年寄りたちが芝生に寝そべっていた。その人たちは「関西電力や北陸電力、中部電力。市の言うことを聞いていればこんなにお金がもらえていいな」と言う。その発言に驚くと同時に、今から思うと、その人たちは、命からがら満州から帰ってきた人たち、あるいはそういう体験を身近に感じていた高齢者だったのではないか、と砂山さんは回顧する。

　先祖が苦労した歴史は、原発推進派にも反対派にも存在していた。貧しさや惨めな思いが金にまみれた原発計画で弄《もてあそ》ばれているような感覚。反原発の歌は、砂山さんの祖母や母が差別を受けた体験とも重なり、時代と経験の積み重なりで生み出された。「歌はそういう積年の背景から絞り出されるものだということに自分でも感心した」と言う。

力入れ原発賛成言ふ汝の理論もつまりは金にまつはる

漁師の妻、女性たちが声をあげる

その後、北野進さん（p.213）が市長選に出馬（しかし落選）し、関西電力が不意打ちのように原発建設事前調査に乗り出した時も、蛸島漁協の婦人部の人たちは結束して、調査のために海に行こうとする関連会社の若い社員たちをみんなで引き止めた。

なぜ女性たちが反対運動の中心になったのか。その背景には、隣県富山湾でＰＣＢ（ポリ塩化ビフェニル）が流出した時、珠洲の魚も売れなくなったことがあった。この問題が起きてから、富山で魚が売れなくなった経緯を知る漁協婦人部の女性たちは、「もしも原発から放射能の問題が生じたら、魚が売れなくなる。それは自分たちや漁村の死活問題に直結する。魚が売れなくなったら生きていけない」と、立ち上がった。

また、パワフルな蛸島漁協の婦人部の女性たちはピケを張る時も先頭に立ち、隊列を組んで関西電力の関連企業の社員を囲んだ。社員はみな、若者だった。するとある女性が「ほれ今、ウグイスが鳴いたでしょう。こんなきれいなところに、原発はいらないんです」と語りかけた。さらに別の女性は「あんたら、結婚してここにきたら、タイでもなんでも、刺身作って呼んで(食べさせて)あげるから。こんなことしないで、戻りなさい。こんなことしていることを親に見せられますか」「ほら、見てごらんなさい。あんなにきれいな花が咲いている。こんなきれいな土地を汚してもいいんですか」「私たちは原発なんかいらないんです。今の暮らしでいいんです」。自分たちの土地の言葉で、1人ひとりの社員の心に語りかけたという。

砂山さんは、「言っていること、1つひとつが本当に温かく優しい。暴力的なことは何1つなく、とても印象的でした。今でも思い出すとグッときます」と、目を潤ませた。蛸島の女性たちは、非暴力・不服従で原発建設NOに取り組んでいたのだ。

そのような中で、砂山さんは感動的な場面にも出くわす。断固として原発に反対した地元・蛸島町の漁師たち、特に漁師の妻、女たちの行動だ。89年、「平成一揆」とも言われた北野進さんが出場した市長選を含め、粘り強い反対運動が続いた。その市長選は推進派候補者が当選したが、93年の推進派市長当選の選挙の無効確認訴訟を争う。最高裁が上告棄却し無効が確定、反対派が勝利した。

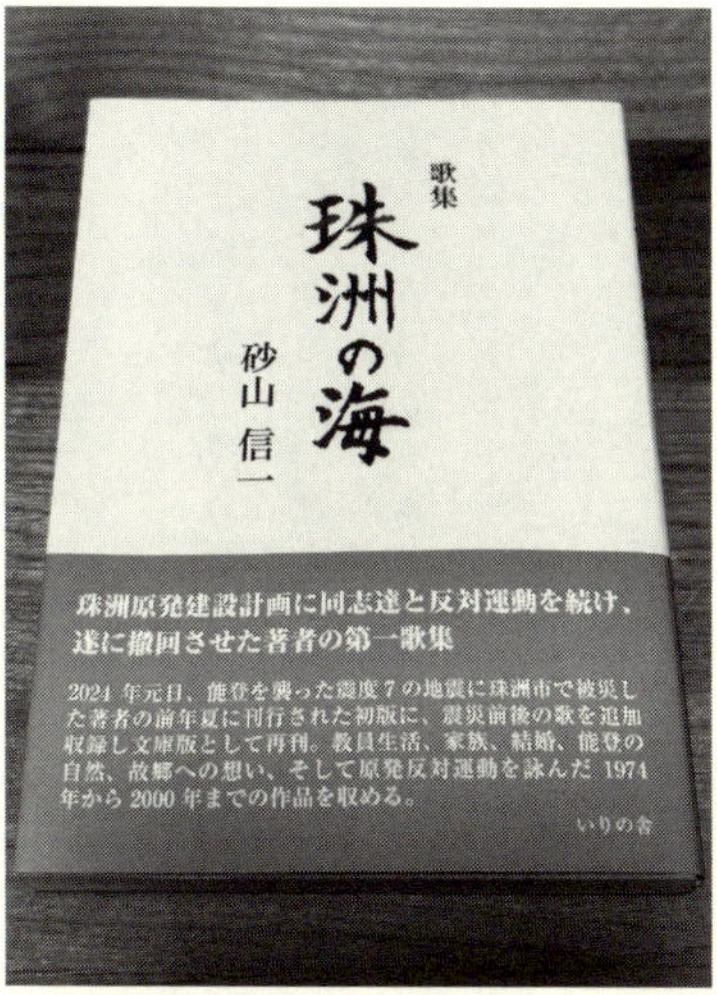

2024年11月に再版された砂山さんの歌集『珠洲の海』

我が書きし勝訴の垂れ幕走り出でて曇り日の下歓声上げぬ

ああ珠洲は今し輝く市長選無効の判決つひに下りぬ　（ともに『珠洲の海』）

果たして、反原発運動は実を結び、奥能登と呼ばれる能登半島の突端には原発は建設されず、24年の元日の大地震で原発事故が起きることはなかった。これは反原発運動が命と環境を救った「二重、三重の勝利」であろう。

原発の予定地高屋の海岸に今年も清き野萱草咲く　（『珠洲の海』）

当時、反原発運動に関わった女性たちは

今も各地で活躍している。当時のネットワークを生かして、被災者だけでなく、外部からきたボランティアを助け、支援する活動へ参加しているのだ。

珠洲の海とともに —— 家の再建目指す

砂山さんは今、家の再建を目指して準備を進めている。前の家よりもずいぶん小さい家になる予定だ。前の家では2階の目前に海があり、日中は定置網が、夜になると遠くに漁火が光って見えた。夜中の12時になると、漁師さんたちが一斉に港を出ていく。いい漁場を先に占めようと、競争でドンドンと船音を響かせて沖に出る。「ああ、漁に出ていくなあ」と、定時の時報としてその音を聞いた。

まだ地震の可能性はあるものの、砂山さん夫妻の心も体も、珠洲の海から離れることはない。

我が思ひと同じ記事なり珠洲原発できず良かつたとエッセイスト書く

（『珠洲の海』）

元石川県議・珠洲市議

北野進さん（珠洲市）

原発がなくても暮らせる能登を

過疎対策には原発誘致による地域振興？
疑問を持った北野さんは
無農薬農業を学び、地元珠洲に戻り、
計画凍結につながる運動を続けた。
地震後は志賀原発廃炉のために奔走する。

能登と福島は「運命共同体」

2024年1月5日、私は奥能登・輪島市の被災地を海外メディアの記者とともに走り回っていた。福島市から高速道路の東北道、磐越道、北陸道を通り、富山県の氷見市でかろうじて営業していたホテル（そこも地震の被害に遭った）を被災地の起点として、輪島市、七尾市、穴水町を取材で走り回った。七尾市の避難所では、多くの高齢者が着の身着のまま、疲労困憊の表情で学校の体育館や校舎で体を横たえていた。避難所運営をする行政の職員も慌ただしく走り回っている。

取材の途中、こんな思いが何度か頭をよぎる。「今、どこにいるんだっけ？ここは福島じゃない、はず」。被災者と会話すると、その言葉が「福島弁」ではないことにハッとして、「ああ、ここは輪島、能登なんだ」と自分自身に言い聞かせる。

それは、「違和感のある既視感」とでもいうような不思議な感覚だった。11年3月11日に発生した東日本大震災と福島原発事故と酷似していたからだ。福島でも雪が降る中を避難してきた人々が言葉を発する力さえなくして虚ろな表情を投げかけ、子どもたちは異常な事態に興奮気味に走り回っていた。13年前の状況がリアルな映像のように頭の中で再現され、そして目の前の現実と重なり合った。

同時に、福島と能登で決定的に違う点を実感した。1月6、7日、奥能登は雨と雪の極寒の真冬の気候になった。雨が降る。雪も積もる。人々はその中を、傘もささずに避難所と、近くにある自宅を歩いて往復していた。

7日には、七尾市の小学校避難所で自衛隊が設営した仮設テントの風呂が利用開始になった。その風呂にはドライヤーが備えられておらず、高齢者の中には髪が濡れたままでテントから出る人がいた。私はわずかながら福島の自宅から持ってきた未使用のタオルを、濡れた髪から湯気が立ったまま傘もささずに車に駆け込む高齢の女性に手渡した。

ホッとした表情の女性の笑顔を見た、その瞬間だ。「アッ」と思った。ここでは放射能降下物を心配する必要がない！福島では緊急の避難が行われた後、情報が届かずに自宅や病院などに取り残され、被ばくした人が多数出たけれど、雨に濡れても、雪が積もっても、そこに放射能があることをまだ心配しなくてもいい！

実はこの1カ月前、23年の12月初旬、私は高レベル放射性廃棄物の最終処分場建設に向けた事前調査を拒否した長崎県対馬を取材していた。その際、一緒に現地のロッジに泊まり、意見を交わし、議論した1人に、作家の山秋真さんがいた。山秋さんは、20年以上前に珠洲市に計画されていた珠洲原発建設が住民の運動で中止になった経緯を詳しく報じていた。この時は当

岸壁が地震による隆起で壊れた高屋漁港
(2024年6月)

然ながら、能登半島で大地震が起きるとは思ってもいなかった私だったが、山秋さんが語る住民の活動に非常に関心を持ち、福島に帰るとすぐ山秋さんの著作を購入して読んでいた。

発災直後の取材が終わって福島に戻ると、改めて能登半島と原発、とりわけ珠洲原発建設計画を中止に追い込んだ住民たちのことが気になって仕方がなかった。能登半島地震の発災当時、「中《なか》能登」と呼ばれる能登半島中部にある石川県志賀《しか》町には志賀原発があった。しかし２０１１年以降、運転を停止していた。地震で核燃料の冷却電源を喪失したら、福島と同じ運命になる。「もしかして事故が起きるかもしれない」という気持ちがほんの少しあり、１月の能登取材ではガイガーカウンターを持参した。考えれば考えるほど、福島原発事故は志賀原発、そして能登半島の人々に影響を与え、福島と能登は「運命共同体」なのだと痛感した。そして、奥能登に原発建設を許さなかった人々に話を聞かなければ、市民の力で珠洲原発計画を凍結に導いた歴史を学びたい――と思った。

「原発があったら北陸一帯が汚染された」

元日の地震は、「逆断層型」という地殻プレートのずれを起こし、津波とともに海岸付近では海底の隆起を引き起こした。その高さは、高屋《たかや》地区で約2メートル、寺家《じけ》地区では約1メートルにのぼった。

「高屋や寺家が1千万キロワットの巨大な原発基地だったならば、珠洲どころか北陸一帯が高濃度の汚染地区となり、風向きによってはさらに広範囲に放射能が拡散し、福島原発以上の被害が出たかもしれない」。珠洲原発建設反対運動の中心となって活動し、現在は「志賀原発を廃炉に！訴訟」原告団長の北野進さん（元石川県議・珠洲市議）は指摘する。

能登半島地震後、北野さんのもとには、地元をはじめ全国各地から、「珠洲に原発がなくてよかった」という安堵の声が寄せられた。多くの人が珠洲原発計画凍結に至った市民運動の歴史を知るとともに、志賀原発の安全性や再稼働へ疑問を抱き始めていたのだ。

私が初めて北野さんに会ったのは24年6月、ジャーナリストの金平茂紀さん（TBS特任キャスター）と七澤潔さん（元NHKディレクター）主催による視察ツアーだ。北野さんは、能登半島地震の震源地近くで、地滑りや海底隆起に見舞われたかつて珠洲原発の計画地とされた高屋、寺家両地区を中心に案内してくれた。またその後、珠洲市内の自宅を訪ね、話を聞いた。

住民を二分する激しい原発賛否の動き

珠洲原発誘致の動きが初めて公の場に出てきたのは1969年のこと。珠洲市議会の一般質問の中で、市議が市長に対して原発誘致の考えを問い、提言する内容だった。76年、関西、中部、北陸の3電力により電力の1千万キロワット構想「大規模原発基地建設構想」が示された。すぐさま高屋、蛸島、寺家地区などの反対住民や漁民らは地元で反対する団体を作り、市長に原発反対を申し入れたのを始め、反対決議書を提出したり、地区に原発反対の看板を立てたりした。84年に中部電力、88年には関西電力が原発建設の事前調査を申し入れ、具体的な計画が明らかになった。

その間、海外では原発の重大事故が相次いだ。79年にはスリーマイル島原発事故、86年4月にはチェルノブイリ原発事故が起き、日本国内でも原発の安全性について不安が高まった。ところが紆余曲折を経つつも、チェルノブイリ原発事故から2カ月後の6月、珠洲市議会は全会一致で「原子力発電所誘致」を議決した。

住民が賛成派と反対派に分かれ、激しい運動が続き、関電が事前調査を申し入れた翌年の89年4月、珠洲市長選が告示された。反対派から当時29歳の北野進さんともう1候補が出馬し、建設か、撤回かを問う選挙が始まった。

学問の自由を制約して推し進められる科学技術

北野さんは珠洲市内の高校を卒業後、78年に筑波大学に入学。大学が管理体制を敷いた時代で、大学祭の家永三郎講演会の不許可（78年）、翌年の学園祭全企画実現に対する大学の圧力と機動隊導入による学生排除などを間近で見た。北野さんの中で、学問の自由を制約する中で推し進められる巨大科学技術や先端科学技術、そして原発に対する疑問が深まったのもこの頃

珠洲の美しい海も、岩礁が白く隆起している

だった。そして「珠洲の過疎対策のためには原発誘致による地域振興が必要」という論理に疑問を持ち、「企業を誘致しなくても珠洲で暮らせることを実践したい」と、県内の企業に4年勤めたのち、鳥越村（現・白山市）で無農薬農業を学び、珠洲に移住した。そんな北野さんに白羽の矢が立ったのだ。

　選挙の2カ月前、原発反対派で「止《や》めよう原発！珠洲市民の会」を結成。ここで大きなターニングポイントを迎える。「当初は『原発に反対する市民の存在を示そう』と始まった選挙だったが、同年7月の参院選で脱原発を政策に掲げた政党のメンバーが珠洲にきて事前調査の問題を住民に説いた。『ここで止めなければ立地が一気に進む。勝たなければいけない選挙だ』と選挙の意義が変わった」と、北野さんは振り返る。

市長選の結果は推進派の市長が当選したものの、北野さんを含む反対候補2人の合計の得票数は過半数に達した。選挙には負けたが、反対派の「大勝利」だった。「地域振興の起爆剤として、危険な原発を誘致するのは大きな間違いだという訴えに市民が共感してくれた」と北野さん。この選挙で反対派住民は計画撤回への希望を得る。89年5月関西電力は民意を無視して高屋での事前調査を開始するが、現地で30日間に渡って阻止行動が展開される。さらに反対派住民が市役所での40日間の座り込みを行い、調査を中断に追い込んだ。

一連の行動を通じて反対運動は一気に拡大する。新たに誕生したグループが横につながり「珠洲原発反対ネットワーク」を結成、反対運動やその後の選挙の事実上の活動母体となった。北野さんは91年に石川県議初当選（以後3期務める）。「市内最大の蛸島漁協が力強い反対運動を続けたのが大きかった。特に蛸島の女性たちは、『原発で海が汚染されると漁場や魚価など自分たちの生活に影響が出る』という危機感が強く、反対運動の中心になった」と北野さんは言う。蛸島地区では懐柔策としてのリゾート開発が進んだが、漁協や住民が原発賛成に回ることはなかった。

珠洲原発について「県政最大の課題の1つ。これをてこに能登地域振興の絵を描きたい」と発言し、当時調査再開に執念を燃やしていた石川県の中西陽一知事だったが、珠洲原発の議論が激しさを増した93年10月、県議会の予算特別委員会の席上で倒れ、翌年に死去した。副知事の谷本正憲氏が非自民候補として知事選へ。最大の争点である珠洲原発について、①珠洲原発は現状では困難、②住民合意を最大限に尊重する、の2項目を挙げ、原発に反対する有権者の支持獲得を目指した。僅差で誕生した谷本知事は「選挙の結果」に加え、「関係漁協の同意」「用地買収の状況」など住民合意の条件5項目を示した。住民や漁協関係の合意をクリアできないと判断した電力3社（関西、北陸、中部）は、03年12月、珠洲原発の「凍結」を表明。これは事実上の撤退だった。粘り強く諦めない住民や漁民の幅広い連帯のもとでの反対運動に、ついに電力会社が根負けしたのだった。

活断層のリスクを軽視しない

能登半島地震は、珠洲だけでなく志賀原発の問題もクローズアップした。志賀原発も地震の影響を受け、電源設備などの相次ぐトラブル、火災や津波情報で訂正を繰り返す事態に陥った。地震の源をたどると、今回動いた「能登半島北部沿岸域断層帯」という断層帯は、志賀原発のある能登半島北西部から、北東沖（佐渡島方面）へと長さ150キロに渡って動いたということ

地震後の海岸を案内し、説明する北野さん

が分かったのだ（地震翌日の政府の地震調査委員会の評価）。

北野さんは24年5月の志賀原発廃炉訴訟の口頭弁論で、原告団長として「志賀原発周辺は大きな活断層だらけ。珠洲原発同様、建ててはいけないところに建ててしまった」と活断層評価や避難計画の問題点を指摘した。

「11年の福島原発事故を受けて、審査で運転停止中だったのは不幸中の幸い。能登半島地震で、かなりの人が『もし志賀原発が動いていて事故が起こったら、閉じ込められ、見放されたまま被ばくするかもしれない』と危機感を抱いた。原子力ムラは巨大でしぶとい。でも住民が自分の問題として捉え始めている」。能登地震を契機に得られた多くの人々の支援の声をエネルギーに、北野さんは志賀原発を廃炉にして安全な能登半島を実現するため、裁判、そして現地視察の案内、講演、集会と、連日奔走している。

のと、と、ふくしま、と

24年3月、珠洲市狼煙《のろし》町で、発災後、住民が農家のビニールハウスに集まって避難生活を送った地域を訪ねた。亀裂が走る道路を運転し、数少ないが人の姿を見つければ車を止めて「ビニールハウスに避難した地域はどこでしょうか」と場所を尋ねた。「6人に聞けば最後はその人の居場所が分かる」と新聞社時代に先輩に教わったが、わずか2人に「あっちの方じゃ」「こっちじゃなかか」など親切に教えてもらって、その場所に着くことができた。

ビニールハウスで生活した1人の高齢の女性が、私の車の「福島」ナンバーを見つけて、「福島からきたの」と驚いた。それをきっかけに立ち話が始まった。すでにビニールハウスでの避難生活を終え、大学の研究者が建てたテントの中で生活しているという。

私は、その女性が珠洲原発を含めて原発についてどう考えているかは深く考えず、ただ1人の福島からきた人間として、こう話した。「珠洲に原発があったら、第2の福島原発事故になるところでした。11年に福島から、北陸や日本海側へと避難した人も大勢います。道路が寸断された地域の多い奥能登では、さらに大変なことになったでしょう。あの時、珠洲に原発を作らなかったのは英断でした。珠洲の人はすごい。本当にありがとう。感謝しています」

するとその女性は、周りに誰もいないのに小声になった。「私はあの時、原発に反対したんですよ。私ら、原発に反対した人たちは、計画が凍結されてからもいっぱい嫌がらせを受けました」。元日の地震直後、この地域も孤立集落になった。かつての原発賛成派も反対派も「呉越同舟」、舟ではなくビニールハウスの中で、一緒に避難生活を送った。家にあった食料を持ち寄り、身を寄せ合った。命を分け合うような時間だっただろう。そこでは原発の話はいっさい出なかったのだと言う。

「もう、原発計画は昔のこと。『私は反対しました』なんて、今、言うつもりはないです」。この狼煙地区という地域は賛成派と反対派が二分して激しく意見が割れた地域で、同じ家庭内でも夫は賛成、妻は反対というところもあったという。それが計画凍結後もしこりを残していた。協働作業で漁をする漁民も多い地域でもあり、地域社会でともに暮らしていく中で、いかに分断を埋め、平和な地域を取り戻していくか、住民の苦渋のあとがうかがえた。

なんだかそれでも私は励ましたい気持ちが止まらず、「福島は原発が爆発した後、放射能汚染された被害が永遠に続きそうな状況です。その被害は、私たちが生きている限り続き、『過去』にすることはできません。だから原発事故は絶対に起こしてはいけないんです」と話した。

地震で約4m持ち上がった輪島市、
黒島漁港の岸壁の前に立つ筆者（24年6月）

私の気持ちがうまく伝わっただろうか。今も反芻《はんすう》している。

「ずいぶん遠くからきてくれてありがとう」「福島の人は大変だったよね」「今回の地震で東日本大震災の大変さが分かったよ」「お大事にね、お気をつけてね、と言ってもらうことがこんなにうれしいとは思わなかった」

そんな能登の人々の言葉が胸に沁みる。能登の取材を終えて福島に戻る時はいつでも「自分は1人、安全地帯に戻るのだ」と胸が締めつけられる。そんな時は「のと」とつぶやく。そして今度は「のと、と、ふくしま」と、呼ぶ。ずっとつながっているような優しい余韻が胸いっぱいに広がって、締めつけられていた痛みが何とも言えない温かさに和らいでいた。

火災が起きた輪島朝市通り。宮城県警が捜索活動を行う（2024年1月7日）

ルポ・能登

末長い支援を
——能登半島地震被災地より

（２０２４年１月１日の能登半島地震発生から４日目に現地に向かっての第１報。（２０２４年『婦人之友』３月号に掲載。表記、写真説明は掲載時のまま）

被災道路を時速15キロで

1月4日早朝に福島市を発ち、オーストラリアの公共放送の取材班とともに9日まで現地を回った。食料、布団や寝袋、防寒具を準備、カイロ、ヘルメットなども購入。志賀原発の万が一の事故に備えて、ガイガーカウンター2台などの機材、そして被災した人への支援物資を詰め込めるだけ車に詰め込む。

出発する瞬間、「東日本大震災を経験した者として被災者のためにできることをしよう」と思った。今もこの言葉が、自分自身を奮い立たせる大きな柱になっている。

5日時点でインフラが比較的大丈夫だったのが、石川県金沢市、富山県氷見市だった。氷見市ではホテルやスーパー、コンビニは開いていたが断水地域が多く、あまり報道されていない。私たちはまず避難所「氷見市ふれあいスポーツセンター」での自衛隊、市、ボランティアらによる食事や飲用水の提供の様子を取材した。

6日以降は同市から能登半島を北上し、七尾市、輪島市、穴水町などへ車で向かった。連日、氷見市から中能登の七尾市までは比較的スムーズに行けたが、奥能登の穴水町に入ると風景が一変した。道路に被さるように建物が傾き、道路は大きく割れ、山沿いの道は土砂崩れが起きて片側通行になっている。インターネットは途切れ途切れ。

路面の亀裂でパンクした車両が路肩に停まり、時速15キロのノロノロ運転の区域もあった。県外からの緊急災害支援車両の救急車や消防車が、30

避難所（輪島市）でミルクティーを提供する在住外国人のボランティア

台以上隊列をなして来ると、全ての車が左右の路肩に車を寄せて道を空けた。誰もが救援第一で粛々と通行していた。

支援が届いていない

輪島市へは氷見市を出て7~8時間で到着。市内では、街の中心部など至る所で周辺道路に大きな亀裂が走り、ひっきりなしに走る救急車のサイレンが響いた。市役所は電気は通っているが断水で、2階には住民が避難していた。

市役所前でリュックと防寒装備の男性に呼び止められた。「孤立集落から歩いて来た。夜間の車両の道路通行が可能かどうか、情報を得たいと市役所に来た」という。市役所の対策本部に繋いだが、孤立集落では物資も情報も不足している。市役所も当然ながらマンパワーが全く足りず、皆が走り回り、電話で連絡をし続けている状態だった。

東日本大震災では発災翌日に、現地からの被害報告の積み上げなしで激甚災害に指定されたが、能登半島地震では取材の段階では指定されていなかった（発災10日後の1月11日指定）。規模や地理的要因の違いがあるとはいえ、道路修復や、自衛隊や県外からの緊急支援隊の数、市民ボランティアの炊き出しや支援物資の搬入などが東日本大震災と比べ、格段に遅れている感覚があった。何より、人がいないのだ。

避難所の状況はまちまち

市役所入口では民間のドローン会社が倒壊民家の細い隙間に入り込める小型ドローンの試運転をしていた。未だ倒壊建物内に取り残されている人を発見するためだ。行方不明者は多数で、全国から駆けつけた消防隊員や警察、NGOなどにより捜索活動が続く。

6日から8日の週末には、輪島市内中心部の傾いた家に戻って必要なものを持ち出したり、後片づけをする人の姿が多く見られた。余震の続く中、ほとんどの人がヘルメットも着けずに、地震で歪んだ建物や割れた道路を行き来している。

ある高齢女性は、病気の夫とともに自家用車で短時間、避難所から自宅に戻った。家は倒壊していないが、室内はものが散乱して住める状態ではない。「早く戻れればいいけれど、まだ余震もあるから…」と話しながら、片づけ作業をしていた。

体育館の避難所に行き、持参した支援物資を寄付した。400人が避難している避難所への物資は、東日本大震災時の同時期より少なく感じた。私たちが持ち込んだ物資が少量であるにもかかわらず、職員は嫌な顔一つせずに受け取ってくれた。しかし、その表情にはすでに疲れがにじんでいた。

電気、インターネットは来ていたが断水が続き、校舎内のトイレには災害時の水無しトイレ用

輪島市では至るところに倒壊した民家が。余震も続き、さらなる倒壊の危険がある

七尾市の学校の避難所。避難された方は言葉少なく疲労がまざまざと

ビニール袋と吸水マットを設置し、取り替える方式で利用。体育館前には工事現場で使うトイレが3基。しかし和式で大きい段差（汚物を溜める構造上そうなっているとのこと）のため、高齢者がつまずいて倒れ、自衛隊員が介抱する場面もあった。

その後も、混沌とする被災現場各地を回り、被災者や避難者に話を聞いた。避難所では市の職員の方へのねぎらいと感謝を伝え、被災者の方には東日本大震災に遭った福島で私が経験したことや共有できるアイデアなどを話した。

避難所の状況はまちまちで、巨大ヒーターで夜も十分暖かい所もあれば、床に毛布1枚を敷き、その上に座布団、そして掛け毛布1枚で夜は冷え込む所も。緊急の対応を迫られ、ダンボールベッドや衝立など物資のない所が多かった。災害や紛争で避難を余儀なくされた人の衛生・保健・医療、食料などの基準を定めた国際的な「スフィア

基準」からはほど遠かった。

この地震が示したもの

冬の災害で、朝から深夜まで断続的に雪が降る極寒の気象状況が続いた。自家用車に積もった雪を除けない高齢者がかなりいたので、雪を取り除く手伝いを。

輪島市には7日、航空自衛隊が風呂を設営、初めて風呂に入り笑顔を見せる人もいた。しかしドライヤーはなく髪が濡れたままの高齢者に、持参した新品の手拭いや衛生用品を渡した。すると「ありがとう。遠くから取材に来てくれて」と逆に感謝の言葉をもらった。福島の被災者の姿とダブって見え、「いずれ私は福島に帰るが、この避難所の住民は家が壊れて帰る場所がない」と、グッと涙を堪えて励ますことしかできなかった。

中能登の七尾市の被災者と話すと「私たちはまだいい。奥能登の輪島や珠洲の人たちは本当に大変」と話し、奥能登の輪島では「私たちは大丈夫。東日本大震災の方がもっと大変」と話す。そしていずれも「東日本大震災に遭った人たちの気持ちが分かった」と。

福島では原発が爆発して多くの避難者を出した。今回、地震と津波と多数の孤立集落で極めて深刻な珠洲市には原発計画があり、住民の反対で白紙化された。志賀原発は東日本大震災以降、定期検査などで運転されていなかった。

「第二の福島」にならなかったのは幸いだったが、日本はどこでも地震が起き得る「鳴動列島」だと再認識させられた。政府は原発の再稼働を進めようとしているが、立ち止まる必要があることを、この地震は示した。

末長い支援が必要

まだまだどの地域の被災者も危機的な状況にあり、物資も人的支援もインフラ整備も足りない。

初期段階での自衛隊を中心とした人的、物的、情報等の供給は十分だったのか。陸路輸送だけでなく海路、空路の複合的で重層的な活用はできなかったのか。

県外からの市民ボランティアには、「道路破損で緊急車両が通れず渋滞原因となる」ことなどを理由に現地入りを遠慮するような呼び掛けがなされたが、現地で見た数少ないボランティア団体は阪神・淡路や東日本大震災などでの支援経験が豊富で、一旦輪島に入ったら「1カ月はいられる体制で衣食住全て準備している」という方たちばかり。ボランティアの力をもっと活用すべきなのではないか。

日に日に必要とされる物資や、避難者が置かれた状況は変化していくだろうが、避難生活の長期化は明白。被災当事者を支える継続した支援が必要、日本全国の人がそう思い続けることが大事だと思う。

（2024年1月15日記）

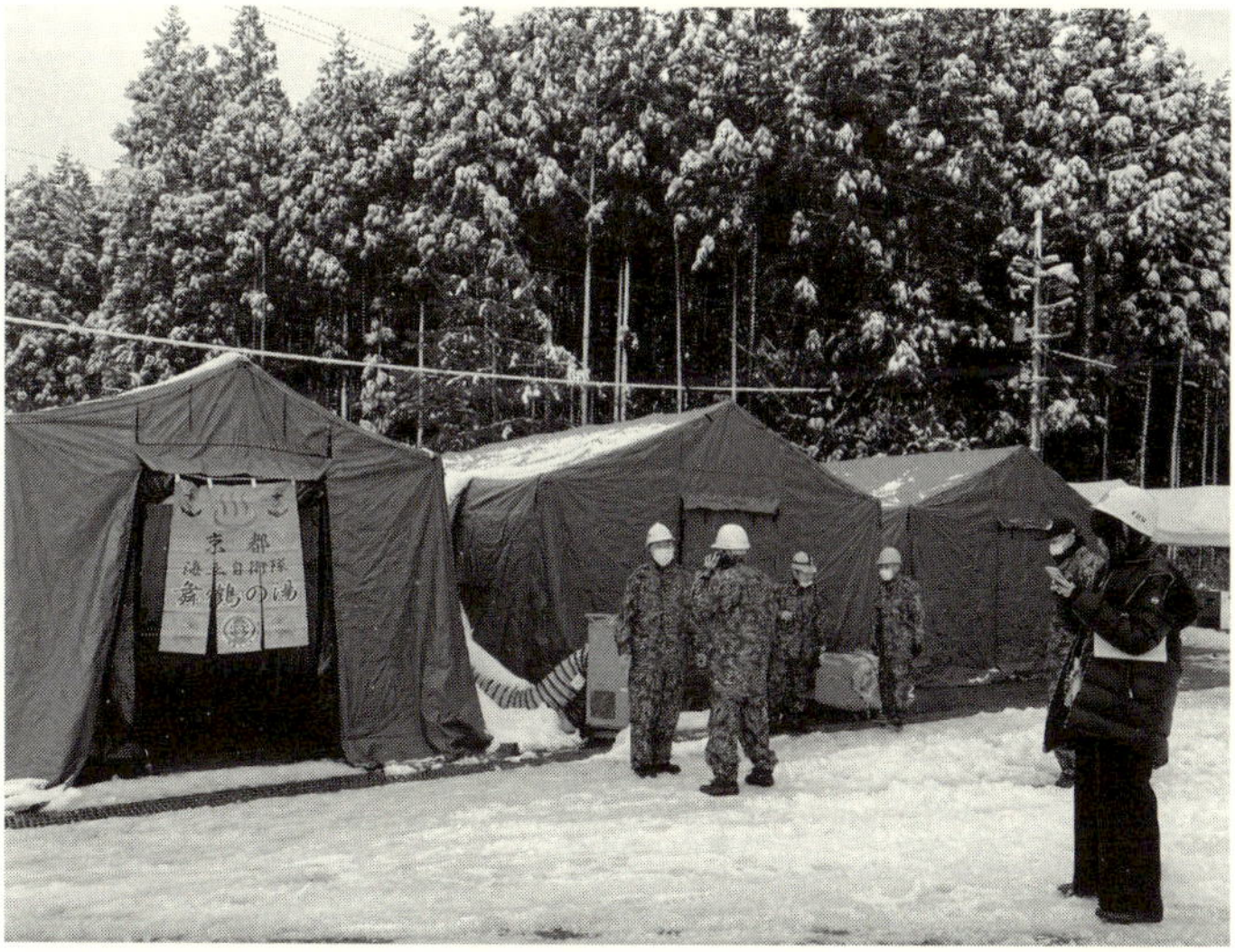

1月7日に航空自衛隊が設営した浴場。利用した人はホッとした表情に

おわりに

本書は『婦人之友』に2014年から現在まで連載・掲載した記事を大幅に加筆したものと、書き下ろしから成ります。本書で紹介した13人の方々のそれぞれの体験は重く厳しいものですが、私たちはお一人おひとりの不屈の精神に、力強い命の鼓動を感じることができます。

何かに行き詰まった時、あるいは未来が見えなくて落ち込んだ時、本書のフクシマと能登の人々の言葉を思い出してみてください。それらは暗闇の中にあっても、絶え間なく灯り続けるたいまつとなって、私たちの人生の行く先を照らしてくれるはずです。

私は、東京電力福島第一原子力発電所の建設が着工した同じ年の1967年、原発から約80キロ西方に位置する県庁所在地・福島市に生まれました。小学4年生だった76年、全国知事会長で、福島県に原発を受け入れた故・木村守江福島県知事が県政汚職で逮捕された出来事をきっかけに、福島県浜通りが原発銀座であることを知りました。

大学のゼミで福島第一原発を初めて視察し、構内で作業を終えた労働者の姿に衝撃を受けました。被ばく労働に関する書籍を読み漁り、「福島原発で、いつか事故が起きるかもしれない」とふと思うと同時に、「まさか原発事故は起きないだろう」とも思いました。振り返ってみれば、これは「安全神話」が芽生えるメカニズムなのかもしれません。世界中で原発事故が起きているのに、「まさか日本では起きないだろう。まさか福島では起きないだろう」という神話です。そこには世界の原発被災者——チェルノブイリ原発やスリーマイル島原発の被災者——と自分は違うといった無意識の線引きがあると思いました。

大学を卒業して福島民友新聞社の記者になり、いわき支社で福島第一、第二原発を取材しました。原発で頻繁に起きるミスやトラブルを始め、99年9月には隣県・茨城県東海村で起きたＪＣＯ事故の避難者がいわき市に殺到した様子を伝え、年末年始には「２０００年問題」（原発の精密な計器やコンピュータが、世紀変わりで異常を起こす危険性）の取材に追われました。脱・反原発の市民が、有識者を呼んで原発の危険性や事故の際の避難の方法を学ぶ勉強会なども数多く取材。米国留学した時にはカトリーナを始め大規模ハリケーンの被害に遭いました。

そして起きた東日本大震災と福島第一原発事故。現場に足を運び、多様な人々の声を聞いたことで、浜通りで被災した人々が私と何ら変わりのない存在であること、私自身も被災者の1人であることを実感しました。

原発事故の被害とそのリスクにおいて、被災した人としなかった人との線引きは全く意味がありません。チェルノブイリやスリーマイルの被災者と私たちは同じ地球に生きているのです。本書にご登場いただいた方々からも、そのことを教えていただきました。だからこそ、読者の皆さまにも本書を通じて、それを実感していただければと願っています。

最後に、今回ご登場いただいた皆さまへ、貴重な時間を割いてのインタビューを始め、その後の問い合わせにも丁寧に対応してくださったことに、深く感謝を申し上げます。

『婦人之友』の連載時から、自分のこととして記事を読み、一緒に考え、行動する読者の方々に大きな力をいただきました。『婦人之友』編集長羽仁曜子さん、編集者の雪山香代子さん、菅聖子さんには、本書の完成までご指導と励ましをいただきました。ありがとうございました。そして、私の最大の理解者である家族にも感謝します。

これからも、命がきらめく平和な世界の実現のために、取材し、書き、発信してまいります。

2025年3月

藍原寛子

藍原寛子 Hiroko Aihara

ジャーナリスト。福島県生まれ。福島民友新聞記者を経てJapan Perspective Newsを設立、内外に発信している。阪神・淡路大震災、東日本大震災で支援・取材活動を重ね、能登半島地震では直後から被災地に通い、被災者の様子を伝える。2014年『婦人之友』に「福島のいま」、21年「10年後のフクシマ」、22年「コロナと医療」を連載。共著に『コロナと向き合う 私たちはどう生きるか』（小社刊）。2024年、被災地取材などにより日本外国特派員協会の報道の自由賞受賞。

装丁・本文デザイン ‥‥鳴田小夜子（KOGUMA OFFICE）

装画 ‥‥‥‥‥‥杉山 巧

写真 ‥‥‥‥‥‥中筋 純（p.34,39,124,127,129,132,135）
鈴木慶子（p.94,95,103,109）

地図 ‥‥‥‥‥‥松村達男

DTP ‥‥‥‥‥‥アトリエMontan

校正 ‥‥‥‥‥‥DICTION

編集 ‥‥‥‥‥‥羽仁曜子　雪山香代子　菅 聖子（婦人之友社）

フクシマ、能登、そしてこれから
震災後を生きる13人の物語

2025年3月11日　第1刷発行

著者　藍原寛子

発行人　入谷伸夫

発行所　株式会社婦人之友社
〒171-8510　東京都豊島区西池袋2-20-16
電話 03-3971-0101
https://www.fujinnotomo.co.jp/

印刷・製本　シナノ書籍印刷株式会社

ISBN978-4-8292-1074-1

婦人之友社の書籍

じょっぱりの人 羽仁もと子とその時代

「じょっぱり」はもと子の故郷・青森では、信じたことをやり通す強さをいう言葉。よいことは必ずできると信じて、多くの人を巻き込みながら突き進んだもと子。近代女性史に大きな足跡を残したその姿が、明治・大正・昭和の時代の中で、鮮やかに浮かび上がります。　森まゆみ著　3,300円（税込）

未来の余白からII 穏やかな時間 感謝のとき

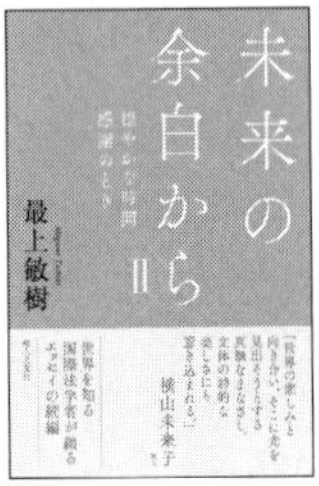

世界を知る国際法学者が『婦人之友』に連載中の随筆に、書き下ろしを加えた1冊。映画、美術、音楽、時事問題など多岐にわたるテーマを、選びぬかれた言葉と感性で綴ります。第I巻に続く待望の第II巻は、コロナ禍で共感を呼んだ「この感動のとき」ほか、あなたを忘れない／アメリカの寅さん／平和ならざる世界で など。　最上敏樹著　1,540円（税込）

エールは消えない いのちをめぐる5つの物語

誰もが経験する肉親や親しい人との別れ。さまざまな人に寄り添い、人生の最期を迎えるためのお手伝いをしてきたセラピストの、いのちをめぐる珠玉のエッセイ集。樹木希林さんと過ごした晩年の日々や、自らの母を看取り、自身の痛みと向き合った経験も綴ります。巻末には、内田也哉子さんとの対談「母をおくる」も。　志村季世恵著　1,650円（税込）

カゴと器と古道具

「暮らしって尊い仕事の連続です」という著者。その尊い仕事をなしとげるために欠かせないのが、お気に入りの道具です。骨董市で巡り合った古道具、カゴや器など、魅力的な道具が引き寄せる幸せな物語。好きなものに囲まれていると暮らしはもっと愛おしくなる。そんな思いにあふれた1冊です。

安部智穂著　1,760円（税込）